Nuove Geografie. Strumer

Collana diretta da Marina Bertoncin (

Questa collana intende proporre esplorazioni sul terreno dei nuovi modi di rappresentare, studiare e discutere il territorio. Nuovi modi perché gli oggetti della ricerca geografica cambiano: mutano gli assetti territoriali, si affacciano altri attori, si identificano tematiche inedite o interpretate con inedite sensibilità.

Il nuovo richiede superamento.
Da un lato come capacità di oltrepassare i limiti disciplinari per collegarsi a quanto si sta elaborando nelle scienze vicine e che utilmente possiamo incrociare. Dall'altro come disponibilità ad andare oltre le più consolidate costruzioni teoriche che la disciplina ha sinora prodotto per saggiare ipotesi diverse.

Il nuovo richiede aderenza.
Aderenza al lavoro di terreno, all'indagine di campo, all'ascolto del territorio e delle soggettività che in esso si esprimono. Aderenza al rigore metodologico, da unire al gusto per la sperimentazione.

La collana proporrà strumenti di lavoro, perché nuove geografie chiedono sguardi diversi rispetto a quelli praticati sinora. Senza alcuna pretesa di esaustività e senza alcun accantonamento del lavoro compiuto sinora dalla geografia. Piuttosto, appunto, con la disponibilità a praticare, a maneggiare nuovi attrezzi, sapendo che il lavoro è in corso e che a loro volta queste nuove geografie domani verranno superate.

La collana si rivolge in primo luogo alla comunità dei geografi e ai colleghi di altre discipline interessati al territorio, ma ha l'obiettivo di allargare la platea degli interessati a questi nuovi "discorsi sul mondo". Un'attenzione particolare verrà data al linguaggio, per contaminarlo con apporti differenti e per renderlo fruibile ad occhi diversi e non solo agli "esperti".

I testi da pubblicare sono sottoposti a un doppio referaggio, al fine di certificare la qualità del prodotto e la sua congruenza agli obiettivi della collana. Il referaggio è inteso come un momento di crescita e di ulteriore sviluppo del lavoro scientifico e non come una mera attività di valutazione.

Federica Burini

CARTOGRAFIA PARTECIPATIVA

Mapping per la governance ambientale e urbana

FrancoAngeli
Nuove Geografie. Strumenti di lavoro

Questo volume è stato pubblicato con i fondi di ricerca del Dipartimento di Lingue, Letterature e Culture straniere dell'Università degli Studi di Bergamo.

Ristampa	Anno
0 1 2 3 4 5 6 7 8 9	2016 2017 2018 2019 2020 2021 2022 2023 2024 2025

Stampa: Digital Print Service srl - sede legale: via dell'Annunciata 27, 20121 Milano; sedi operative: via Torricelli 9, 20090 Segrate (MI) e via Merano 18, 20127 Milano.

Indice

A Ezio, Margherita, Lia,
le mie insostituibili bussole

Introduzione
Cartografia e partecipazione in una prospettiva riflessiva e corografica

Il volume ha l'obiettivo di presentare un approccio critico alla cartografia partecipativa, per comprenderne la natura e analizzarne le applicazioni e potenzialità nell'ambito della governance territoriale.

Distanziandosi dagli studi che considerano la cartografia partecipativa un mero strumento di raccolta di dati forniti dagli abitanti, il volume indaga tale tipologia cartografica come un sistema complesso, utile nella comunicazione tra attori sociali diversi. Essa, se realizzata in seguito ad uno studio dell'organizzazione territoriale della comunità che vive nel contesto rappresentato, è in grado di rendere note sia le potenzialità che le criticità di un territorio e di creare una piattaforma di confronto tra gli attori implicati nella sua progettazione.

Al fine di indagare la cartografia partecipativa come un sistema utile alla promozione della governance territoriale, ci si ancora a due concetti elaborati nel contesto italiano nell'ambito della cartografia critica (Casti, 2013): i) la *riflessività*, costitutiva di un nuovo approccio all'interpretazione e alla costruzione della rappresentazione cartografica, che vede il ricercatore porre un'attenzione particolare al suo ruolo e alle sue azioni, rispetto alla risoluzione di questioni socialmente rilevanti; ii) la *corografia*, che intende considerare la carta un sistema complesso incentrato sul recupero del valore sociale e culturale del territorio e sulla trasparenza con cui si realizza il processo cartografico, sfruttando le potenzialità delle *nuove tecnologie* per rappresentare "la caleidoscopica fisionomia del mondo: i plurimi punti di vista, le molte tecniche, i molti linguaggi" che esulano dai tradizionali canoni della cartografia topografica (Casti, 2013, cit. p. 283).

Tale pista teorica si inserisce nel solco della critica mossa da John Brian Harley all'approccio positivista della cartografia moderna e all'atteggiamento tecnocratico rivolto ai GIS. L'autore, infatti, oltre a pubblicare il manifesto del nuovo approccio decostruttivista alla carta (Harley, 1989), propone di sviluppare un'etica cartografica da applicare ai nuovi e sofisticati strumenti di mappatura, come ricordato nella raccolta pubblicata nel 2001, dieci anni dopo la sua scomparsa (Harley, Lexton, 2001). Inoltre, Harley partecipa ad una delle opere più rappresentative del paradigma della "cartografia critica", *The History of cartography*, che ha segnato la rottura con gli schemi tradizionali della topografia, introducendo tra le carte degne di tale nome rappresentazioni non realizzate secondo i canoni della geometria euclidea. Per quanto riguarda i GIS e le nuove tecnologie cartografiche, l'autore critica il ritorno al determinismo ed al positivismo e la natura antidemocratica, data dall'accesso differenziato ai dati ed all'uso di sistemi in grado di rafforzare particolari configurazioni di potere e modalità di controllo sulle comunità escluse dall'utilizzo delle tecnologie. Tali critiche trovano espressione altresì presso gli studi di altri geografi statunitensi, di cui John Pickles è stato precursore, e sono rivolte ai promotori ed agli utilizzatori dei GIS, denunciando la nascita di una nuova "Geografia imperiale", dovuta alla mancanza di una riflessione sulle implicazioni politiche e sociali dell'utilizzo di questi strumenti di rappresentazione (Pickles, 1995).

A partire da tali studi precursori alla cartografia critica, alcuni lavori si sono concentrati sugli aspetti epistemologici, altri su quelli tecnici, escludendo la presenza di un discorso teorico-metodologico unitario e coerente con l'avanzamento degli studi in ambito geografico.

Un filone di ricerca, infatti, si è interessato prevalentemente all'analisi degli aspetti teorico-epistemologici della cartografia contemporanea. Primo fra tutti l'approccio ermeneutico che considera la carta non più come oggetto ma come rappresentazione del mondo frutto di un progetto sociale e legato da dinamiche di potere. Tra i numerosi studi che hanno seguito questa direzione è opportuno citare tre volumi pubblicati nel 1992: nel contesto francofono, *L'empire des cartes* di Christian Jacob, nel contesto italiano, *I segni del mondo* di Franco Farinelli e nel contesto anglo-americano, *The power of maps* di Denis Wood. Ad essi sono seguite le analisi sul "counter mapping", introdotto da Nancy Peluso, per definire una forma di cartografia volta a rovesciare le dinamiche di potere ed esprimere il punto di vista delle minoranze rispetto ai diritti sulle risorse naturali (Peluso, 1995) o ancora sulla "critical cartography", resa nota con il numero speciale della rivista Acme - *An International E-Journal for Critical Geographies*, pubblicato nel 2005, nella cui introduzione Jeremy Crampton e John Krygier sottolineano la relazione profonda tra la rappresentazione cartografica e la dimensione politica nei processi decisionali (Crampton, Krygier, 2005, pp. 11-33).

Ad essi, sono seguite nuove analisi, note sotto l'appellativo di *post-representational cartography* (Crampton, 2003; Pickles, 2004; Kitchin, Perkins, Dodge, 2009), che tentano di produrre un avanzamento teorico rispetto alla posizione di Harley riconsiderando la carta da un punto di vista ontologico, ovvero rispetto al suo significato intrinseco e non come mera rappresentazione della realtà, rendendola un vero e proprio agente da indagare per la sua responsabilità nella veicolazione di un messaggio (Azocar Fernandez, Buchroithner, 2014).

Un secondo filone di studi, pur richiamando l'approccio di Harley, si è concentrato sugli aspetti *tecnico-pratici* della riflessione sulla cartografia contemporanea, producendo numerose pubblicazioni note sotto il nome di *critical GIS*. Esse si concentrano sull'analisi critica dei Sistemi Informativi Geografici ed in particolare sulle tecnologie, sugli attori che le utilizzano e sui contesti territoriali cui si riferiscono. Questo secondo filone di studi ha indagato dapprima la nascita del rapporto tra GIS e partecipazione (Weiner, Harris, 2002), ed è oggi incentrato sulle nuove frontiere delle tecnologie cartografiche con l'avvento del Web 2.0, cui sta già facendo seguito il Web 3.0, e sul ruolo dell'individuo come produttore di informazione georiferita. Quest'ultimo approccio è foriero di nuove denominazioni rivolte: i) alle potenzialità di Internet nel rivoluzionare il ruolo dell'individuo e nel produrre nuova informazione geografica – VGI, *Volunteered Geographic Information* o *Crowdsourced Geographic Knowledge* (Sui, Elwood, Goodchild, 2013); ii) alle tipologie cartografiche definite a partire da elementi fondativi (l'uso di dispositivi mobili – *Location Based Services and telecartography* (Gartner, Cartwright, Peterson, 2007), *Ubiquitous mapping* (Morita, 2007); l'integrazione di linguaggi e sistemi diversi – *mashups* cartografici (Liu, Palen, 2010); l'introduzione della realtà virtuale – *VR Cartography* (Buchroithner, 2005); la tracciabilità dei dati inseriti nei sistemi informativi geografici – Wiki-GIS (Roche *et al.*, 2012).

Nonostante il proliferare di studi in entrambi i filoni di ricerca – teorico-epistemologico e tecnico – risulta ancora raro trovare un discorso teorico unitario come la pista proposta dalla semiosi cartografica (2013). Essa infatti rientra a pieno titolo nei contributi propri della *post-representational cartography*[1], dal momento che elabora un'analisi dell'evoluzione cartografica considerando il concetto di spazialità ed ancora l'interpretazione della carta alla teoria geografica della complessità – riconoscendo il connubio tra cartografia e processo di territorializzazione –, e alla semiosi cartografica – indagando la carta come sistema comunicativo complesso in cui si realizza l'iconizzazione, ovvero il processo comunicativo in base al quale, facendo leva sull'autoreferenza cartografica, vengono espresse come verità condizioni di

[1] A questo proposito, si sottolinea un limite nella ricostruzione di Azocar Fernandez e Manfred Buchroithner (2014) rispetto alla cartografia post-moderna e a quella *post-representational*. Infatti, l'inserimento di Emanuela Casti nel primo gruppo facendo riferimento ad un suo saggio scritto nel 2005, non permette di considerare l'importanza dei suoi studi nel panorama della *post-representational cartography* ed all'analisi della carta nei suoi aspetti teorici ed epistemologici formalizzati in due diverse monografie (E. Casti, *L'ordine del mondo e la sua rappresentazione. Semiosi cartografica e autoreferenza*, Unicopli, Milano, 1998a; *Cartografia critica. Dal* topos *alla* chora, Guerini, Milano, 2013).

fatto altamente congetturali (Casti, 2013, p. 287). Tale impostazione, integrando il concetto di riflessività con quello di corografia, consente ai ricercatori di trarre indicazioni di metodo nell'uso delle nuove tecnologie per meglio padroneggiare gli esiti comunicativi della carta e tutelare le implicazioni del suo utilizzo negli interventi sul territorio, anche ricorrendo ai nuovi sistemi come l'anamorfosi o la cartografia tridimensionale (Casti, 2013, capp. 4 e 5).

Si tratta di una prospettiva integrata che trova pochi esempi nella comunità scientifica dei geografi che hanno riflettuto sul tema, ad eccezione di alcuni laboratori europei o americani impegnati più sul fronte applicativo e sulla sperimentazione cartografica. Tra questi, si ricordano due contesti di spicco situati in Svizzera e in Canada. In primo luogo, il Laboratorio Cartografico Chôros, diretto da Jacques Lévy, presso l'Ecole Polytechnique Fédérale di Losanna, impegnato nella riflessione sulle categorie teoriche utili a comprendere il fenomeno della mondializzazione e sulle sue modalità di rappresentazione (Lévy, 2008). Lévy ha identificato un divario tra ciò che egli chiama "svolta geografica" e lo stato attuale della cartografia. I suoi studi propongono di utilizzare linguaggi cartografici innovativi poiché solo una "svolta cartografica" farà corrispondere il linguaggio spaziale della carta con i requisiti teorici della geografia e del mondo che cambia, caratterizzato dalla mobilità e dall'emergere degli individui come attori spaziali della mondializzazione – tutte sfide per la cartografia tradizionale che richiede un nuovo linguaggio come i cartogrammi anamorfici o le carte auto-estensive (Lévy, 2008, 2016). Il secondo contesto è il Geomatic and Cartographic Research Center diretto da Fraser Taylor, presso la Carleton University di Ottawa, riconosciuto come l'ideatore del concetto di *cybercartography* e precursore di nuove modalità tecniche per la sua realizzazione (Taylor, 2005; Taylor, Lauriault, 2014). La *cybercartography*, a detta del suo ideatore, è un nuovo paradigma per la cartografia nell'era dell'informazione, definita come: "L'organizzazione, la presentazione, l'analisi e la comunicazione di informazione geo-riferita concernente una varietà di temi di interesse sociale in un formato interattivo, dinamico, multimediale, multisensoriale e multidisciplinare" (Taylor, Lauriault, 2014).

Inserendosi in tale contesto teorico e applicativo e concentrandosi sulle due dimensioni riflessiva e corografica, il volume indaga dunque la cartografia partecipativa, che trova la propria natura fondativa nella rappresentazione del territorio a partire dalla comunità che lo abita. Per tale ragione la sua analisi non può affidarsi ai canoni interpretativi della cartografia topografica tradizionale che annulla la possibilità di restituire i valori sociali del territorio così come percepiti dagli abitanti, prospettando una rappresentazione omologante che privilegia un unico punto di vista, ovvero quello degli attori che la utilizzano per intervenire sul territorio.

Assumendo i presupposti teorici della semiosi cartografica e dei recenti studi sulla cartografia critica, il volume si avvale dell'espressione "cartografia riflessiva" applicandola alla governance territoriale, per dichiarare l'approccio all'analisi della cartografia partecipativa, come sistema comunicativo legato ad un processo di rappresentazione complesso, applicabile a diversi contesti territoriali, a seconda dei quali cambiano gli attori coinvolti, gli strumenti tecnici e le procedure metodologiche seguite per la sua realizzazione. A tale scopo, oltre al termine "cartografia partecipativa" si utilizzerà quella di "sistemi cartografici o mapping di comunità o collaborativi" che permettono di superare il concetto di partecipazione, intesa come inclusione di un singolo attore nella costruzione di un progetto comune, promuovendo piuttosto una collaborazione tra diversi attori e mettendone in evidenza il ruolo all'interno di una comunità sociale (Perkins, 2007). Gli studi condotti da Perkins dimostrano tale attenzione. Il geografo inglese ha indagato lo sviluppo del mapping di comunità nel contesto britannico definendolo un processo collaborativo sviluppato da una comunità locale ed in grado di veicolare saperi insoliti sull'uso degli spazi e delle risorse (Perkins, 2007, pp. 127-137). Allo stesso modo, Angelo Turco, nel suo volume *Governance ambientale e sviluppo locale in Africa*, prospetta il passaggio da un approccio "partecipativo", che associa i vari livelli istituzionali degli stati africani ai "bureaux d'études" delle organizzazioni internazionali, ad un approccio "comunitario", che include le comunità locali ai progetti per recuperare il loro rapporto con il territorio e il quadro della legittimità (Turco, 2010, p. 29).

In particolare, gli esempi forniti all'interno del volume sono incentrati su due grandi macro-aree di applicazione: in Africa subsahariana, i villaggi periferici ad una vasta area protetta transfrontaliera e in ambito europeo, alcuni territori urbani lombardi. Per ciascun contesto, il volume intende presentare le prospettive metodologiche seguite nella rappresentazione cartografica, perseguendo gli obiettivi della riflessività e dell'approccio corografico. A tale proposito, esso dimostrerà che il mapping di comunità è legato inscindibilmente a dei processi collaborativi adattati al contesto attoriale e territoriale in cui si realizzano. L'analisi si concentra sui criteri della cartografia corografica: sulla figura *dell'interprete cartografico*, che include individui facenti parte di una comunità; sui *criteri metrici* e sulla modalità di *rilevazione dei dati* che comportano una diversificazione degli strumenti cartografici utilizzati e comprendono modalità e tecniche differenti a seconda del contesto culturale in cui si realizzano (le potenzialità date dal web 2.0 e l'interattività aperta sono ottime potenzialità, ma limitate ai contesti territoriali in cui è garantita la connettività alla rete); sulla *trasposizione grafica*, introducendo nuove tipologie di icone cartografiche, comprendenti dati numerici, documenti testuali, elaborazioni infografiche e video, i cui dati di partenza sono forniti dagli abitanti del territorio rappresentato, che necessitano dell'uso di nuovi linguaggi multimediali all'interno del sistema cartografico.

Al fine di illustrare tali aspetti, il volume è articolato in due parti, inerenti rispettivamente i contesti territoriali africano ed europeo e prospetta un'analisi delle nuove frontiere del mapping per la governance ambientale e urbana.

La prima parte è dedicata all'analisi dei sistemi cartografici di comunità impiegati nell'ambito della governance ambientale in Africa subsahariana: il primo capitolo analizza l'evoluzione della cartografia prodotta dalle comunità locali nel contesto africano mettendola in relazione con i processi di territorializzazione che si sono succeduti nel territorio africano; il secondo analizza il ricorso ad un approccio riflessivo al mapping di comunità, proponendo una metodologia e gli strumenti per realizzare una cartografia corografica nell'ambito della cooperazione e della governance ambientale, infine il terzo si concentra sull'uso della cartografia partecipativa per il recupero dei saperi tradizionali nelle periferie di una vasta area protetta dell'Africa Occidentale, la Riserva di Biosfera Transfrontaliera W (RBT W). Questi capitoli completano la prima parte del volume, cui segue la seconda dedicata ai sistemi collaborativi nel Geoweb 2.0. Nel quarto capitolo infatti si illustrano le metodologie cartografiche e i processi collaborativi in ambito urbano, per poi mostrarne un'applicazione nel quinto capitolo che si concentra su due ambiti di studio: un quartiere di Milano e il territorio bergamasco. Infine, nel sesto capitolo si introduce la diffusione dell'Informazione Geografica Volontaria (VGI) nei contesti urbani, sia per risolvere situazioni di emergenza che per coinvolgere i cittadini nella segnalazione di criticità nei contesti urbani.

Tale percorso di analisi intende fornire alcuni spunti di riflessione sia a livello metodologico che a livello sperimentale, al fine di contribuire al dibattito in corso sulla cartografia partecipativa, per dimostrarne le potenzialità di un approccio riflessivo e corografico, così come le ampie possibilità di applicazione in diversi contesti territoriali urbani e non.

Ringraziamenti

Nei lavori di ricerca, l'autore arriva al risultato grazie al confronto quotidiano con le persone che fanno parte della sua vita professionale e privata. Nel mio caso, molti sono coloro che vorrei ringraziare.

Prima fra tutti, Emanuela Casti, per avermi trasmesso la passione per la geografia e per la rappresentazione cartografica del mondo; per gli innumerevoli e generosi contributi nella riflessione scientifica e nella revisione del manoscritto; ma soprattutto, per l'indispensabile supporto teorico-metodologico, che mi ha permesso di trovare le chiavi interpretative per decifrare e connettere i segni presenti nella cartografia partecipativa. Da diversi anni ho l'onore di far parte del gruppo di ricerca da lei coordinato, nel Laboratorio Cartografico *Diathesis*, in un contesto aperto al confronto con studiosi e laboratori di rilievo internazionale e rivolto anche alla formazione di studenti e giovani ricercatori.

Per aver condiviso con me le diverse fasi del percorso, scoprendo il fascino e la fatica di ogni tappa e per essere stata disponibile ad uno scambio continuo, ringrazio Alessandra Ghisalberti, insostituibile amica e compagna nella ricerca. Ringrazio inoltre Sara Belotti, per aver affrontato con me gli sforzi e le soddisfazioni di molte sperimentazioni cartografiche e per aver seguito i risultati della ricerca con curiosità e attenzione. Agli amici africani Laye Camara e Olivier Lompo devo l'aiuto ad entrare intellettualmente nei complessi meccanismi della realtà africana, accompagnandomi nella ricerca di terreno e nella realizzazione delle carte partecipative.

Le analisi presentate nel volume non sarebbero state possibili senza il contributo volontario delle persone coinvolte nei processi partecipativi. In Africa subsahriana, sono grata ai colleghi universitari, alle autorità di villaggio e alle famiglie che mi hanno ospitato, dedicandomi il loro tempo e facendomi scoprire la ricchezza dei loro saperi e il valore profondo dell'accoglienza dello straniero; nel contesto lombardo, ringrazio i referenti di enti locali, di associazioni, di scuole, così come i singoli cittadini e i numerosi studenti che si sono messi in gioco, aiutandomi a comprendere la ricchezza dei loro territori e l'interesse a valorizzarli.

Infine, un profondo ringraziamento va alla mia grande famiglia per l'affetto, l'incoraggiamento e il supporto che mi hanno permesso di dedicarmi alla ricerca.

Parte prima

Comunità locali, mapping e governance ambientale: sistemi cartografici di comunità in Africa subsahariana

1. La rappresentazione del territorio in Africa subsahariana: le comunità locali e l'incontro con l'Altro

Alla fine degli anni Ottanta, per la prima volta nella storia della cartografia, le rappresentazioni del territorio realizzate da parte delle comunità locali sono state oggetto di studio ed inserite all'interno dell'opera curata da J.B. Harley e D. Woodward *The History of Cartography*[1]. Si tratta di una svolta significativa sia per la tipologia di supporti cartografici inclusi, comprendenti oggetti risalenti alla preistoria, sia per l'ambito territoriale d'indagine, non più rivolto alla produzione europea ma all'emergenza delle rappresentazioni del mondo presso altre culture. Si è aperta così una tradizione di studi interessati alle mappe realizzate da società indigene, che però dimostra l'uso di una vera e propria "babele denominativa". Gli autori usano infatti diverse espressioni, quali: cartografia aborigena (Aberley, 1993), tradizionale (Woodward, Lewis, 1998), indigena (Sletto, 2009; Pualani Louis, Johnson, Pramono, 2012), nativa (Lewis, 1998a; Wickens Pearce, 1998), autoctona (Hirt, 2009) o ancora parlano di etnocartografia (Chapin, Threlkeld, 2001).

Se ci si sofferma sugli studi riferiti al continente africano, emergono due considerazioni rilevanti. In primo luogo, la letteratura riguardante la produzione cartografica di stampo tradizionale è scarsa rispetto alla vastità di studi che viceversa hanno analizzato quella prodotta nel contesto americano. In secondo luogo, la terminologia utilizzata per descrivere la produzione cartografica tradizionale non identifica chiaramente l'autore di tali rappresentazioni: ai termini "carta tradizionale" o "indigena" vengono associati documenti prodotti prima e dopo la conquista, senza soffermarsi sulla società che li ha promossi e dunque al processo di territorializzazione cui si riferiscono[2].

[1] Per una trattazione di tale cambiamento nell'ambito africano si rimanda a Burini, 2015.

[2] Per territorializzazione si intende il processo mediante il quale una società contribuisce a creare un territorio, secondo una logica che gli è propria. Tale processo, si articola in tre atti (denominazione, reificazione e strutturazione) e si distingue in autocentrato o eterocentrato, a seconda della logica sociale che lo realizza, che rispettivamente è interna o esterna al territorio di riferimento. In Africa subsahariana, Angelo Turco distingue cinque territorializzazioni: basica, islamica, mercantile, coloniale e neo-basica. Si veda a tale proposito: Turco, 1986.

David Woodward, a titolo di esempio, utilizza l'aggettivo "tradizionale"[3] (Woodward, 1998) per indicare le rappresentazioni prodotte dalle comunità locali senza distinguere le epoche storiche. Allo stesso modo, nell'espressione "cartografia indigena" Thomas Bassett include le carte cosmografiche e mnemoniche pre-coloniali, così come la cartografia realizzata a richiesta dagli Europei in epoca coloniale (Bassett, 1998, p. 33). Inoltre, altri autori utilizzano la stessa espressione per fare riferimento "ad un fenomeno recente" utilizzato negli ultimi decenni per la rivendicazione fondiaria in molti paesi del Sud del Mondo tra cui quelli africani (Chapin, Lamb, Threlkeld, 2005). Tali esempi dimostrano che la terminologia riferita ai documenti cartografici realizzati con il contributo delle popolazioni africane non tiene conto del processo di territorializzazione in atto al momento della loro realizzazione e dunque ignorano la relazione tra rappresentazione cartografica e territorio.

Infatti, sebbene gli autori concordino su un significato comune di tali espressioni rispetto alla figura dell'interprete (appartenente alla comunità che abita il territorio rappresentato), all'informazione veicolata (concernente i saperi e le competenze della società locale) e le modalità redazionali (non conformi alla tradizione occidentale), non vi è corrispondenza rispetto al processo di territorializzazione nel quale tali documenti si collocano, elemento imprescindibile per comprendere le specificità della rappresentazione. La semiosi cartografica è l'approccio teorico più utile in questo contesto, poiché consente di recuperare la specificità degli attori territoriali che hanno prodotto territorio. Essa infatti si distingue per l'adozione di due assunti: i. la carta è strettamente legata alle dinamiche territoriali cui è necessario ancorare la sua interpretazione; ii. la semiosi, ovvero il processo attraverso cui l'informazione viene elaborata e trasmessa, viene attivata da un interprete avente un doppio ruolo, di attore territoriale e di comunicatore sociale (Casti, 1998a).

A patire da tali premesse, si propone una differenziazione tra le fasi di produzione cartografica che hanno previsto il coinvolgimento delle società africane (Fig. 1), considerando: la *cartografia tradizionale* che, rispondendo ad una logica tradizionale e autocentrata, permette di esprimere i saperi legati alla spazialità tradizionale; la *cartografia "dell'incontro" o "a richiesta",* sviluppatasi nell'ambito delle territorializzazioni eterocentrate mercantile e coloniale, avente l'obiettivo di conoscere il territorio dell'Altrove; *la cartografia partecipativa o di comunità* diffusa nei progetti di cooperazione allo sviluppo in Africa subsahariana ed avente lo scopo di promuovere lo sviluppo locale e supportare le comunità locali nel riconoscimento dei loro diritti fondiari.

[3] Con l'espressione «tradizionale» David Woodward sottolinea il fatto che si tratta di una cartografia «*differente da quella Europea [...] Tradizionale è stato scelto tra altri termini quali "precedente la scrittura", "più semplice", "primitivo" o anche "selvaggio" poiché essi racchiudono sempre un giudizio negativo*» (Woodward, 1998, cit. p. 306).

Fig. 1 – Differenziazione della produzione cartografica partecipativa nel tempo

Periodo	***Tipologia***	***Interprete***	***Obiettivo***
Precoloniale	Tradizionale	Società basica	Espressione dei saperi tradizionali
Coloniale	"Dell'incontro" o "a richiesta"	Società basica + mercantile/coloniale	Conoscenza dell'Altrove
Contemporaneo	Partecipativa o di comunità	Società basica + istituzioni neobasiche + organismi internazionali	Sviluppo locale/ riconoscimento dei diritti fondiari

L'articolazione di tali fasi cartografiche mette in luce la crescente complessificazione degli interpreti cartografici: nel primo caso, l'emergenza di una forma di comunicazione dei saperi territoriali della società locale, nel secondo, la presenza dell'incontro tra la logica tradizionale e quella eterocentrata, mercantile e coloniale, nel terzo le logiche della società basica, delle istituzioni statali, delle organizzazioni non governative e degli organismi internazionali.

1.1. La cartografia tradizionale: un processo cartografico autocentrato

Tra gli studi che hanno analizzato la cartografia delle società tradizionali dell'Africa subsahariana, quelli presenti all'interno del secondo volume della *History of Cartography* (Libro III) costituiscono un punto di riferimento (Bassett, 1998; Maggs, 1998). Tuttavia, nel fornire esempi di cartografia tradizionale relativa al contesto africano, essi si limitano ad una loro analisi "oggettuale"[4]. Una volta definito l'oggetto dell'analisi in modo generale come "cartografia indigena" (*indigenous maps*), l'intento di Bassett è di catalogare le carte cosmografiche, quelle mnemoniche e quelle "a richiesta". Queste ultime sono incluse nelle carte tradizionali, sebbene appartengano ad un processo di territorializzazione differente dalle altre due tipologie. Maggs, dal canto suo, si concentra sulla lettura dell'arte rupestre dell'Africa australe,

[4] Così Emanuela Casti definisce la prospettiva che ha liberato la carta dall'approccio positivista, superando le prerogative di esattezza e attinenza con la realtà quali criteri interpretativi esclusivi, e portando l'interesse verso la carta quale fonte documentale e come testimonianza di un particolare rapporto tra società e mondo. Tra gli autori che hanno fornito un importante contributo in tal senso l'autrice ricorda Roberto Almagià. Si veda a tale proposito: E. Casti, "Towards A Theory of Interpretation: Cartographical Semiosis", in: *Cartographica*, v. 40, n. 3, 2005, pp. 1-16.

catalogandola a seconda dell'attività produttiva praticata dai suoi realizzatori e riflettendo sulla ricorrenza di incisioni di tipo cartografico in cui è evidente che l'interprete ha scelto con cura i supporti litici poiché gli permettevano di restituire la morfologia del territorio rappresentato (Maggs, 1998, pp. 21-23).

L'analisi proposta dai due autori non permette di indagare alcuni aspetti che la distinguono rispetto alle rappresentazioni cartografiche di stampo occidentale e che viceversa possono emergere da una loro interpretazione semiotica. La figura dell'interprete è strettamente correlata al tipo di informazione veicolato. Colui che realizza la rappresentazione appartiene alla società basica che possiede forti legami con le risorse del territorio. Ciò permette di rappresentare gli aspetti della legittimità, vale a dire i meccanismi di funzionamento e di riproduzione sociale delle popolazioni locali conformemente alla tradizione, che si traducono nei saperi referenziali, simbolici e performativi (Turco, 2004, pp. 601-616). Riflettere sull'interprete cartografico serve dunque a problematizzare il significato della carta, a recuperare il senso della spazialità e il rapporto tra società e territorio.

Un secondo elemento distintivo della produzione cartografica tradizionale è la struttura grafica utilizzata: essa è caratterizzata dalla topologia, attraverso la quale, come ricorda Woodward, i concetti di linearità, contiguità e associazione sono restituiti con molta più pregnanza che nella metrica topografica (Woodward, 1998, p. 309). Infatti, in questa tipologia cartografica in cui non esiste il concetto di proporzionalità prospettica, esiste tuttavia una modalità mediante la quale gli oggetti che ricoprono una rilevanza sociale vengono rappresentati in una dimensione maggiore e posti al centro della rappresentazione, secondo logiche e principi non euclidei, ma appunto topologici.

Un ulteriore elemento da sottolineare è il procedimento e i prodotti che ne derivano. Woodward, per esempio, riconosce tre diverse manifestazioni della conoscenza spaziale basica: quella conoscitiva, costituita dalle costruzioni mentali; quella in azione, che si traduce nella realizzazione di rappresentazioni prevalentemente non materiali ed effimere (gesti, rituali, canzoni, poesie,…); ed infine quella puramente materiale, a sua volta distinta tra cartografia "in situ" (come l'arte rupestre) e "mobile" prodotta su supporti diversi (carta, pelli d'animale, sabbia, corteccia, tessuti, il corpo umano) (Woodward, 1998, p. 307).

Infine, un aspetto distintivo della cartografia tradizionale è la sua continuità nel tempo e la sua antichità. Essa è testimoniata dalle pitture ed incisioni rupestri pervenute sino ai nostri giorni (Casti, 2004), e si riferisce alle società del passato prima dell'incontro con la società occidentale, ma si mostra tuttora presso i villaggi rurali dell'Africa subsahariana nelle sue varie manifestazioni delineate da Woodward (1998).

1.2. La cartografia dell'incontro per l'esplorazione e la colonizzazione

Prendendo in esame la cartografia dell'incontro tra la società locale e quella europea in Africa subsahariana, si può far riferimento a due espressioni: "map of the encounter" introdotta da Brian Harley riferendosi al territorio nord-americano e "solicited maps" utilizzata da Thomas Bassett per analizzare il contesto africano (Harley, 1992; Bassett, 1998). Harley sottolinea l'importanza di questa tipologia cartografica nella produzione di conoscenza dal momento che è servita agli esploratori europei per ricostruire percorsi, luoghi di sbarco, insediamenti. Gli studi di Harley sono infatti considerati precursori dell'analisi delle carte prodotte nel periodo dell'incontro tra l'Europa e l'Altrove: essi si pongono in controtendenza rispetto al giudizio espresso dagli storici della cartografia che videro nelle rappresentazioni prodotte dalle comunità locali una tipologia non rispondente ai canoni geometrici europei. Il lavoro di Harley informa sull'esistenza di un corpus di mappe "alternative" a quelle europee, significative nella storia del continente. La terminologia scelta da Harley è in linea con quella proposta da Bassett, che definisce tale tipologia cartografica come una carta a richiesta (*solicited map*) rientrante tuttavia per l'autore all'interno del processo di "indigenous mapmaking" (Bassett, 1998, p. 33), senza dunque distinguere se siano state realizzate prima della conquista o dopo, e dunque ignorando l'attore che ha prodotto la territorializzazione.

Viceversa, se ci rivolgiamo alle fonti, emerge che la produzione di tale tipologia cartografica è legata ad un processo di collaborazione tra comunità locali e attori europei, che produce una carta ibrida realizzata mediante il contributo di entrambi. Infatti, se prendiamo in esame il volume edito nel 1886 dalla SGI (Società Geografica Italiana) sui viaggi compiuti da Zeila a Caffa da Antonio Cecchi, esso presenta una carta geografica da lui definita "una singolarissima carta [...] dovuta alla scienza geografica di un abissino" (Fig. 2) riproducente le località situate nelle regioni meridionali dello Scioa con i designatori riferiti ai corsi d'acqua, alle sorgenti, ai villaggi e ai regni presenti scritti in amarico (Cecchi, 1886). È evidente il ruolo ricoperto dalla cartografia realizzata dalla comunità locale su richiesta degli europei per produrre conoscenza dell'organizzazione territoriale e delle risorse del territorio africano.

Si tratta di un esempio di carta dell'incontro che, se analizzata mediante la semiosi cartografica, permette di far emergere alcuni aspetti utili per comprendere il rapporto esistente di queste popolazioni con la propria terra. Il primo consiste nella figura dell'interprete costituita sia da esponenti della società tradizionale africana che di quella europea.

Fig. 2 – Esempio di carta dell'incontro: a - mappa delle regioni meridionali dello Scioa realizzata da un abissino; b – dettaglio; c – legenda

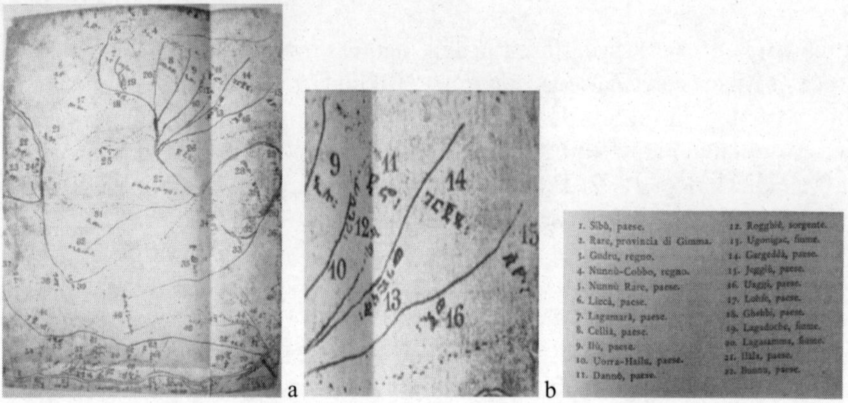

Fonte: Cecchi, 1886, tav. IV, pp. 551-552

La carta pubblicata da Cecchi è stata realizzata "da un abissino" su richiesta di Cecchi ed è stata poi da lui riprodotta "in facsimile fototipico". Accanto a ciascun toponimo scritto in amarico, è inserito un numero decifrabile mediante una legenda pubblicata nella pagina successiva (Cecchi, 1886, cit. p. 551) (Fig. 2c). Tale legenda, che riporta la traduzione dei toponimi in caratteri latini e l'interpretazione del fenomeno cui rimandano, ha richiesto l'intervento di un terzo interprete, il cardinale Massaia, che "*ebbe la bontà di favorirci la trascrizione od interpretazione dei nomi*" (Cecchi, 1886, cit. p. 551).

Ciò permette di riflettere altresì sull'informazione riportata dalla carta, che risponde alle richieste dell'esploratore europeo e ne è condizionata. È interessante notare che essa riporta delle icone cartografiche composte dal surrogato figurale (prevalentemente di tipo lineare) accompagnato dal designatore trascritto nella lingua locale, cui si aggiunge il surrogato numerale che permette di decifrare il significato di ciascun fenomeno nella legenda[5]. È raro che una carta prodotta dalle società tradizionali riporti i designatori nella lingua locale, dal momento che ci troviamo presso società prive di scrittura prima del contatto con gli Occidentali; di conseguenza, la cartografia del territorio africano utilizza solitamente i designatori in una lingua europea oppure li omette. Tali icone, se messe in relazione tra loro, permettono di recuperare informazioni importanti circa l'organizzazione territoriale e politica del territorio, solitamente negate nella cartografia coloniale che impone

[5] L'uso del termine "surrogato" esprime l'insieme dei codici (figurali, numerali, cromatici, lessicali, ma anche l'ubicazione sul foglio) che consentono di realizzare la proiezione denominativa, ovvero la trasposizione del nome di un luogo sulla carta. Si veda a tale proposito l'analisi della carta come sistema segnico in: Casti, 1998a, pp. 39-43.

nuovi designatori nelle lingue europee o restituisce il territorio dell'Altrove mediante canoni occidentali (Casti, 2001). L'informazione riguarda, infatti, una fitta rete idrografica, le sedi di una decina di regni, tra cui quello di Caffa, e la presenza di molti villaggi.

Infine, per quanto riguarda il procedimento e i prodotti che ne derivano, siamo in presenza di due documenti differenti: quello originale realizzato dall'esponente della società basica e quello pubblicato dall'esploratore italiano all'interno di uno studio, frutto di una rielaborazione ottenuta mediante l'inserimento di una legenda, con l'intento di dimostrare, da un lato, che le informazioni raccolte possedevano una fonte autorevole e, dall'altro, di assicurarne la comprensione presso i lettori italiani.

La rilevanza dell'analisi che stiamo conducendo non è esclusivamente storica, dal momento che tali aspetti rimandano ai procedimenti tuttora in uso nell'adozione di sistemi cartografici partecipativi nei progetti di cooperazione in Africa e suggeriscono l'importanza di riconoscere gli interpreti e i contenuti, al fine di distinguere le informazioni prodotte dagli abitanti, da quelle poi veicolate e pubblicate dai richiedenti.

1.3. Mapping di comunità e cooperazione allo sviluppo

Nel presente paragrafo, si intende ricostruire la genesi del rapporto tra cartografia e partecipazione in Africa subsahariana, facendo emergere l'approccio allo sviluppo che l'ha sostenuta, gli attori che hanno concorso a identificarla come strumento peculiare di conoscenza territoriale ed infine gli scopi per i quali è stata utilizzata. La pertinenza di questa ricostruzione si giustifica non tanto in una prospettiva storica, ma, più conformemente ai presupposti teorici che sorreggono questo scritto, perché essa permette di immetterci nel processo comunicativo in cui la carta partecipativa, come ogni altra rappresentazione, è immessa, chiarendo quali siano le relazioni che intercorrono tra gli attori coinvolti nella sua realizzazione ed il contesto territoriale in cui è inserita.

Nata nell'ambito della protezione ambientale e dello sviluppo dal principio adottato nel quadro dell'ONU (Conferenza delle Nazioni Unite su Ambiente e Sviluppo) e inserito nell'Agenda 21, la partecipazione è diventata una strategia avente l'obiettivo di aumentare le capacità di sviluppo di una regione coinvolgendo le sue comunità. Seppure l'obiettivo apparisse totalmente condivisibile, il metodo per raggiungerlo, non è sempre stato nel segno della governance. Infatti, il processo di decisione caratterizzato da partecipazione, trasparenza e responsabilità degli attori di un territorio, la governance incoraggia una negoziazione tra le diverse parti interessate ed è intesa "come la concezione, la progettazione e lo svolgimento di un'azione pubblica sul territorio condotta da un attore collettivo" (Turco, 2013, p. 11).

Da circa trent'anni, le istanze globali di sviluppo promuovono l'approccio o il paradigma partecipativo (Rossi, 2000, p. 192; Turco, 2010, p. 23). L'idea di sviluppo ormai diffusa prevede processi di partenariato che, nel portare aiuti nei paesi del Sud del mondo, trovano fondamento essenziale nel coinvolgimento delle comunità locali direttamente interessate agli interventi sul territorio. Questo implica però la condizione che coloro che vanno a promuovere e ad operare trasformazioni finalizzate allo sviluppo, conoscano i processi sociali, l'organizzazione, i saperi e i bisogni della popolazione locale. Diventa imprescindibile l'esigenza di sperimentare approcci e metodologie atte a produrre una reale conoscenza dei territori d'intervento, allo scopo di farne emergere le problematiche cui rispondere attraverso azioni d'aiuto.

In tale prospettiva, verso la fine degli anni Ottanta, alcuni studi condotti nell'ambito accademico inglese hanno cercato di sistematizzare le pratiche fino ad allora messe in atto, operando una sintesi dei diversi approcci che erano stati seguiti, già a partire dalla fine degli anni Settanta. Più precisamente, l'Istituto di Studi sullo Sviluppo (IDS - Institute of Development Studies) dell'Università del Sussex, che già dal 1977 organizza annualmente a Brighton un seminario di studi sullo sviluppo rurale, fu il primo soggetto impegnato a tale riguardo. All'IDS si aggiunse, in un secondo momento, l'Istituto Internazionale di Ricerca su Ambiente e Sviluppo di Londra (IIED – International Institute for Environment and Development), che potenzia e divulga la metodologia attraverso il lavoro che svolge in Africa e in Asia e tramite la pubblicazione della rivista "RRA notes", sulle pagine della quale iniziano a circolare i primi contributi sull'uso della metodologia partecipativa. A partire dalla sua origine accademica, passando poi alla sua sistematizzazione per opera dell'IIED nei primi anni Ottanta, la metodologia partecipativa è stata soggetta ad ulteriori elaborazioni. In particolare la sua evoluzione è contrassegnata da tre fasi, corrispondenti allo sviluppo in successione di tre metodologie distinte. Inizialmente, i metodi utilizzati sul terreno, contemplavano infatti, solo questionari; successivamente essi assumono un'articolazione più complessa, configurandosi come una vera e propria metodologia diffusa con l'acronimo di RRA (*Rapid Rural Appraisal*). Il contesto territoriale in cui l'RRA viene applicato è quello rurale, come si evince dal suo stesso nome; esso, inoltre, è finalizzato a una raccolta rapida, da parte dei ricercatori, di dati di tipo quantitativo e qualitativo, riferiti, appunto, ad una realtà rurale e validati dalle popolazioni locali con il ricorso a strumenti di visualizzazione grafica – tra i quali schizzi e disegni di villaggio, diagrammi e schemi – elaborati con la partecipazione delle popolazioni stesse.

In una seconda fase, verso la fine degli anni Ottanta e l'inizio degli anni Novanta, prende piede un'evoluzione della metodologia RRA, denominata PRA (*Participatory Rural Appraisal*) che aggiunge tra gli strumenti grafici di analisi e di raccolta dati, il cosiddetto "piano di azione della comunità", volto all'elaborazione di previsioni sulle azioni concrete che i villaggi dovrebbero realizzare per il loro sviluppo. Va a questo punto sottolineato che la differenza tra l'RRA e il PRA non risiede negli strumenti d'inchiesta, quanto piuttosto nell'approccio, da parte di chi promuove tali metodologie, nei confronti delle popolazioni locali. Il PRA, infatti, pone l'accento sulle capacità delle popolazioni locali di definire i propri obiettivi e di perseguire le proprie priorità nella gestione del territorio. Essa, perciò, deve essere considerata come una metodologia orientata al rafforzamento dei poteri locali[6].

Nella terza fase, infine, a partire dalla seconda metà degli anni Novanta, il PRA assume una nuova denominazione, PLA (*Participatory Learning and Action*), utilizzata sino ad oggi per sottolineare l'evoluzione subita nel tempo: infatti, il PLA prevede un'applicazione in contesti non necessariamente rurali, ma altresì urbani, e dilatata a tutte le fasi della ricerca di terreno, dalla diagnosi all'azione sul territorio. Con il PLA non si intende definire una metodologia effettivamente nuova, quanto piuttosto raggruppare quelle precedenti e accentuarne la caratteristica di facilitare l'apprendimento (*learning*) e l'azione (*action*) partecipativi. Ne deriva così una metodologia che assume caratteri estensivi sia per quanto riguarda il contesto territoriale di applicazione, sia in relazione ai diversi stadi del processo della ricerca. Essa inoltre si arricchisce di una "scatola degli attrezzi per la comunità" (*the community's toolbox*), un insieme di veri e propri strumenti operativi riconosciuti a livello internazionale dalle diverse istituzioni e agenzie implicate oggi in progetti di sviluppo partecipativo, tra le quali la FAO, l'IUCN, l'IIED, l'UNEP. Oltre alla sempre crescente influenza di siti Web che presentano le caratteristiche e le modalità di utilizzo della metodologia partecipativa, la sua diffusione continua ad essere garantita dalla pubblicazione di manuali di intervento divulgati da tali organizzazioni internazionali. Si tratta di una sorta di vademecum del ricercatore di terreno, ovvero di manuali, in cui si possono trovare precisazioni e spiegazioni concernenti i diversi "strumenti di lavoro" di cui avvalersi al fine di comprendere la realtà in cui si intende intervenire. Utilizzate per la prima volta all'interno dei programmi dell'IIED, le metodologie partecipative sono state successivamente riconosciute come valide e poi diffuse, con alcuni cambiamenti, da altre istituzioni internazionali, tra le quali vanno menzionate l'agenzia delle Nazioni Unite per l'agricoltura e

[6] Per un'analisi delle caratteristiche del PRA e di una sua applicazione nei PVS, si veda: Bertoncin, Bicciato, Corbino, Croce, De Marchi, Faggi, Pase, 1999, pp. 1-31.

l'alimentazione (FAO - Food and Agricolture Organisation of United Nations) e l'Unione mondiale per la natura (IUCN - International Union for Nature and Natural Resources). L'adozione delle metodologie partecipative da parte di queste due grandi organizzazioni ha avuto un ruolo decisivo nella loro diffusione a scala globale all'interno dei progetti di sviluppo: integrandole nelle proprie strategie d'intervento, la FAO e la IUCN ne hanno determinato l'ufficializzazione e incoraggiato l'applicazione da parte di altre agenzie internazionali e di centri di ricerca accademici, spesso impegnati insieme in progetti di cooperazione decentrata.

In particolare, i centri accademici attestano, attraverso la presentazione di alcuni casi di studio, la diffusione delle metodologie partecipative in ambito ambientale. Nel contesto anglofono, oltre al già citato Istituto di Studi per lo Sviluppo della University of Sussex, vale la pena soffermarsi su un istituto universitario statunitense che collabora con l'agenzia internazionale IIED: si tratta del gruppo di ricerca statunitense della Clark University nello stato del Massachussetts, che lavora, affiancandosi all'IIED, sull'applicazione del PRA in contesto africano, contribuendo alla sua ulteriore evoluzione. Tale gruppo ha infatti arricchito il PRA di un sistema statistico (PAPPA: *Policy Analysis for Participatory Poverty Alleviation*) per la raccolta dei dati relativi ai nuclei familiari dei villaggi, dando così completezza, secondo gli ideatori, a una ricerca di tipo qualitativo e quantitativo. Anche in contesto francofono, vi sono tentativi di formalizzare metodi partecipativi che riconoscono il potenziale del mapping, senza tuttavia contribuire nella riflessione metodologica, ne è un esempio il Commod Companion Modelling (Etienne, 2010; Mathevet, Antona, Barnaud, Fourage, Trébuil, Aubert, 2010) oppure i cosiddetti "jeux de territoires" (Débarbieux, Lardon, 2003; Lardon, Roche, 2008)[7].

Tra gli strumenti previsti dalle metodologie partecipative, è da riconoscere alla FAO l'assunzione della carta quale importante mezzo di raccolta dei dati di terreno. È proprio la FAO che per la prima volta definisce specificatamente la "carta partecipativa" all'interno del suo manuale d'intervento "Community forestry field manual". Distanziandosi dalle altre agenzie internazionali che avevano ridotto la carta partecipativa a uno schizzo (*sketch map*), in riferimento al concetto di "carta mentale" (Lynch, 1970; Gould, White, 1974), la FAO, nella sua guida pratica, le dedica particolare attenzione, facendo emergere tre aspetti principali: in primo luogo, si pone l'accento sulla possibilità di realizzare carte partecipative a due scale, la carta del villaggio e la carta dell'insediamento (ossia l'area in cui si svolgono le attività agricole); in secondo

[7] Per un'analisi degli approcci partecipativi in ambito francofono, si vedano alcuni numeri della rivista "Révue internationale de géomatique": v. 16, n.2/2006; v. 18, n. 4/2008.

luogo, si sottolinea la rilevanza al suo interno della rappresentazione dei confini e della distribuzione delle risorse; infine, si dichiara l'utilità delle fotografie aeree quale strumento da accompagnare all'analisi della carta partecipativa per ottenere informazioni più accurate del territorio.

Tuttavia, per comprendere meglio il ruolo della cartografia all'interno del PRA, è necessario prendere in considerazione la sezione dei manuali dedicata ai cosiddetti "attrezzi" (*tools*), dove essa è annoverata insieme ad altri strumenti di indagine, ovvero ad altre modalità di rappresentazione grafica (transetti, calendari, strumenti di quantificazione, diagramma di Venn, matrici di conflitto, giochi di ruolo, analisi di genere). In queste sezioni, ad ogni strumento viene attribuito uno specifico obiettivo; tra essi, alla carta partecipativa, insieme al transetto, viene riconosciuto il ruolo di strumento di raccolta dell'informazione concernente gli aspetti referenziali del territorio. Essa, infatti, è considerata particolarmente importante nella fase iniziale della ricerca, giacché ha lo scopo di fornire una panoramica complessiva della situazione del villaggio, delle risorse naturali e delle infrastrutture presenti. Per quanto riguarda la gestione di tali risorse, alcuni manuali consigliano la realizzazione di carte partecipative "storiche" o "della situazione futura" per poter confrontare i cambiamenti intervenuti nel tempo nell'uso delle risorse (IUCN, 1997, pp. 218-219). In particolare, Robert Chambers, autore noto per le sue pubblicazioni sui temi dello sviluppo, della partecipazione e dell'empowerment nelle inchieste di terreno, ha analizzato le metodologie partecipative, mettendo in rilievo le loro caratteristiche tecniche e le implicazioni sociali del loro utilizzo e individuando le diverse tipologie di mappe che possono essere realizzate al fine di indagare l'organizzazione territoriale di un villaggio. Tra esse: le carte sociali, della salute, demografiche, delle risorse, delle terre del villaggio, dei campi, degli orti (Chambers, 1997, p. 118). Va rilevato tuttavia che l'autore, pur riconoscendo nella cartografia partecipativa lo strumento più diffuso, trascura di soffermarsi sui suoi esiti comunicativi, e dunque non ne mette in evidenza le reali possibilità. Al di là delle diverse tipologie di carte e degli obiettivi per i quali possono essere usate, i manuali si soffermano su altri due aspetti: la loro modalità di realizzazione ed i loro risultati. Relativamente alla prima, è necessario porre in rilievo, innanzitutto, che il mapping di comunità è realizzato dalle popolazioni locali mediante l'intermediazione di un soggetto che ne richiede la realizzazione. Le narrazioni provenienti dai membri della comunità locale vengono poi tradotte in informazioni grafiche e cartografiche dai giovani, i quali, avvalendosi di una maggiore dimestichezza con carta e penna rispetto agli anziani, producono carte la cui efficacia, comunemente riconosciuta, consiste nella possibilità di localizzare le aree di interesse di un territorio e di raccogliere dati territoriali nel corso di una sola giornata e con una decisa semplificazione del lavoro dei ricercatori. In un secondo momento avviene il trasferimento dell'informazione dal disegno originario ad una mappa digitale. A questo proposito, i manuali propongono una serie di indicazioni che portano alla redazione di una rappresentazione rispondente al linguaggio geometrico.

Mediante i Sistemi d'Informazione Geografica, vengono successivamente elaborate ulteriori analisi che tuttavia mostrano di tener poco conto dei valori sui quali si fonda l'organizzazione della società locale. Tale limite sembra essere ascrivibile al fatto che, nonostante da un punto di vista tecnico, i sistemi informativi geografici abbiano dato origine a modalità di rappresentazione plurime e sofisticate, questi stessi sistemi sono basati su una codificazione topografica che, come sappiamo, è stata imposta dal mondo occidentale ai paesi in via di sviluppo, senza dar corso ad una riflessione atta a individuare le possibilità di restituzione dei valori sociali di quei territori e che permettesse, dunque, la rappresentazione olistica dell'Altrove.

A titolo di esempio, analizziamo l'uso del mapping di comunità realizzato all'interno del progetto di cooperazione allo sviluppo APAM (*Aires protégées d'Andasibe/Mantadia*). Si tratta di un esempio di cooperazione ambientale realizzata nei primi anni Novanta in Madagascar che ha visto l'intervento di plurimi attori. Finanziato dall'agenzia statunitense USAID (*United States Agency for International Development*), che ha sostenuto il lavoro di un gruppo di geografi del Programma di Sviluppo Internazionale (PID) della Clark University (Massachussets), il progetto è nato su sollecitazione del governo nazionale, più precisamente del Ministero delle acque e delle foreste e dell'Associazione Nazionale delle Aree protette, prevedendo il coinvolgimento delle popolazioni dei villaggi limitrofi alle aree protette ed alcune ONG locali. L'obiettivo cui si mirava era la salvaguardia di un'area di foresta pluviale di circa undicimila ettari. Essa, già in epoca coloniale, era stata sfruttata in modo intensivo e sottoposta a trasformazioni territoriali dovute essenzialmente a scopi economico-produttivi. Erano state infatti create strutture minerarie per l'estrazione della grafite e strutture viarie per il commercio del legname che avevano causato fenomeni di disboscamento e di impoverimento delle risorse. Dal 1989 l'area ha assunto lo statuto di area protetta per contrastare lo sfruttamento turistico invasivo del territorio, mediante la proposta di un'offerta turistica sostenibile. L'ecoturismo è stato infatti individuato come l'attività trainante, sulla quale investire ai fini di uno sviluppo sostenibile, prevedendo azioni che siano condotte nel rispetto dell'uso delle risorse da parte delle popolazioni locali, in particolare dei produttori di riso d'altopiano: si è cercato così di assicurare una programmazione a lungo termine per la conservazione e lo sviluppo in un'ottica di sostenibilità.

In tale contesto, il gruppo di ricerca statunitense della Clark University ha condotto uno studio finalizzato alla conoscenza del territorio, cercando di fare emergere le esigenze della popolazione rispetto alle risorse presenti nell'area protetta e programmando un coinvolgimento delle stesse nella presa di decisione. I risultati delle ricerche sono stati diffusi in alcune pubblicazioni[8], all'interno delle quali i ricercatori, oltre all'utilizzo dei diversi strumenti partecipativi (transetto, diagramma delle istituzioni, grafici, gerarchia dei problemi, piano di azione della comunità), dichiarano altresì l'adozione delle carte partecipative che, tuttavia, non vengono mostrate nella loro versione originale, ma in una copia riprodotta con l'aiuto di un sistema grafico computerizzato escludendo la possibilità di valutare le scelte grafiche adottate nel passaggio da una rappresentazione cartografica all'altra.

Le considerazioni esplicitate all'interno di queste pubblicazioni relative all'utilizzo della carta partecipativa contemplano dichiarazioni inequivocabili sull'importanza del ruolo attribuito a tale tipologia cartografica. Essa viene considerata un ottimo "strumento" di raccolta dati che, proprio per la sua efficacia, è il primo a cui i ricercatori ricorrono, al fine di conseguire il maggior numero di informazioni in breve tempo. Alla carta partecipativa viene, insomma, riconosciuta la funzione di sopperire rapidamente alle carenze di informazione referenziale sul territorio indagato. E, proprio a riprova del fatto che qui si esaurisce la sua funzione e che, di per sé, essa non riveste un ruolo particolarmente significativo presso i ricercatori statunitensi, sta il fatto che, all'interno dei loro rapporti, la carta partecipativa non è riprodotta nella sua forma originale, ma nella sua elaborazione digitale: solo così essa, assumendo modalità di resa grafica idonee alla veicolazione di informazioni referenziali secondo i canoni occidentali, può essere presentata ai membri della cooperazione internazionale, con conseguenze non banali, come si rileverà di seguito, da un punto di vista comunicativo.

Se ora, nonostante i limiti imposti dall'impossibilità di un raffronto con le carte originali che non vengono pubblicate dai ricercatori, passiamo ad esaminare nello specifico uno dei documenti cartografici relativo al villaggio di Vohibazaha (Fig. 3), emergono con evidenza tali aspetti.

[8] Tra le quali si ricordano: N. Razakamarina, R. Ford, G.M. Sodikoff, S. Wood, E. Toto, P. Laris, *Negotiating conservation: reflections on linking conservation and development in Madagascar*, Programme of International Development, APAM, Clark University, Worcester, 1996; R. Ford, F. Lelo, H. Rabarison, *Linking governance and effective resource management: a guidebook for community-based monitoring and evaluation*, Programme of International Development, APAM, Clark University, Worcester, 1998; R. Ford, W.J. Mac Connel, "Linking geomatics and participation to manage natural resources in Madagascar", in: L. Buck, C. Geisler, J. Schelhas, E. Wollenberg (a cura), *Biological Diversity*, CRC Press, Washington, 2001, pp. 385-405.

Fig. 3 – Rielaborazione delle carte partecipative realizzate nel villaggio di Vohibazaha (Madagascar)

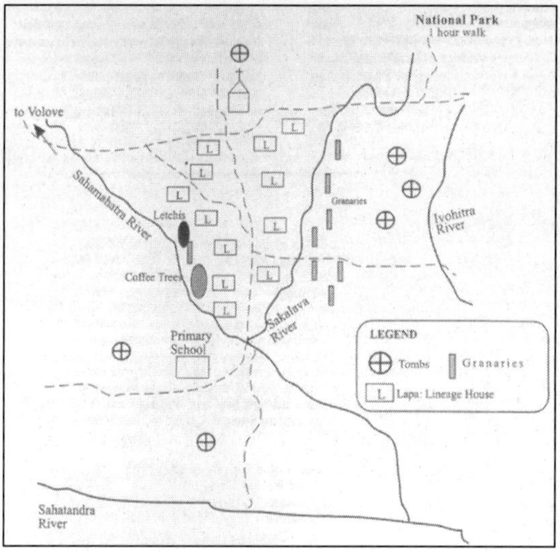

Fonte: Razakamarina, Ford, Sodikoff, Wood, Toto, Laris, 1996, p. 14.

In primo luogo, si nota che la carta stabilisce la localizzazione degli elementi territoriali, introducendo segni figurali geometrici ed astratti, senza illustrare nel testo di accompagnamento la portata semantica degli elementi territoriali cui si riferiscono. Si vedano, per esempio, i segni utilizzati per rappresentare la concessione del villaggio, cioè l'insieme delle abitazioni dove vive la famiglia allargata corrispondente a un determinato lignaggio. Si tratta di una forma rettangolare contraddistinta dalla lettera "L" al suo interno che rimanda alla presenza nella concessione della "casa del lignaggio", la *lapa*, cioè il luogo dove la famiglia intera si ritrova in occasione delle celebrazioni tradizionali. Gli autori della carta non si soffermano sull'importanza simbolica di queste abitazioni, né mostrano una diversificazione tra i lignaggi, concentrandosi esclusivamente sulla loro posizione.

Emerge, infine, un secondo aspetto qualificante la carta, cioè la presenza dei nomi dei luoghi, che d'ora in avanti indicheremo come designatori, resi in lingua inglese. Ciò inficia la possibilità di recuperare i principi basici che stabiliscono la referenza, in quanto, infatti, presso le popolazioni dell'Africa subsahariana, la referenza si costruisce proprio a partire da designatori, che colgono le proprietà spaziali dei luoghi rispettando i criteri della società basica. Ne deriva che la carta elaborata digitalmente dai ricercatori impone valori derivati da un'idea occidentale di referenza, basata sull'uso del geometrismo e sull'adozione di designatori in lingua inglese, con il risultato di precludere la veicolazione dei significati e dei valori che essi incorporano per la comunità che abita quel territorio.

D'altra parte, tuttavia, a dimostrazione del fatto che la carta partecipativa non riesce a soddisfare a pieno neppure l'esigenza dei ricercatori americani di possedere informazioni referenziali sul territorio indagato, il gruppo di ricerca della Clark University in una seconda pubblicazione concernente lo stesso progetto, sottolinea l'importanza dell'analisi delle fotografie aeree da parte delle comunità locali. Tali fotografie, realizzate a bassa quota, vengono interpretate dalla comunità di villaggio, che vi indica, con disegni a pennarello, le informazioni referenziali che già erano state inserite nella carta partecipativa. Questo procedimento ha lo scopo di conoscere la reale estensione delle aree dedicate all'agricoltura stagionale, innescando una discussione tra i due attori (la comunità locale ed i ricercatori impegnati nel progetto) sulla possibilità di realizzare delle aree a coltura permanente in alcune zone all'interno del parco. Tuttavia, tale modalità di lavoro è indirizzata ancora una volta a tradurre nei criteri di riferimento e misurazione occidentali un territorio, che già era stato referenziato e organizzato secondo criteri che, viceversa, non sono presi in considerazione nell'analisi che accompagna la cartografia.

Per sintetizzare, le conclusioni cui si giunge dall'analisi del ruolo della carta partecipativa all'interno del progetto in Madagascar, sono di due tipi. In primo luogo, essa è utilizzata solamente come strumento di restituzione di informazioni referenziali, rispondenti a logiche occidentali, abbandonando qualsiasi tentativo di recuperare i saperi propri delle popolazioni locali. Proprio il fatto di non approfondire l'analisi e di non indagare i segni trasposti dalle comunità africane sulla carta, ne limita la possibilità di essere portatrice di informazioni connotative, relative ad un livello più profondo del senso del territorio. In secondo luogo, l'elaborazione cartografica dei ricercatori americani esclude la possibilità di creare un legame comunicativo tra le popolazioni africane e la comunità internazionale, giacché vi si opera una selezione delle informazioni presenti nella carta partecipativa originale, e le si riproduce per un pubblico appartenente ad un altro contesto socio-culturale, sulla base di modalità di stampo occidentale senza illustrare le scelte che hanno mosso il passaggio dalle carte partecipative alla loro restituzione digitale.

Il nodo problematico consiste nel fatto che i sistemi cartografici collaborativi per essere effettivamente realizzati nelle forme "democratiche e partecipative", necessitano di essere supportati non solamente sul piano tecnico ma soprattutto sul piano procedurale, mediante l'uso di metodologie in grado di svelare il significato sociale dei luoghi. In tale prospettiva, in ambito francofono, si è posta l'attenzione sulle procedure volte ad assicurare la restituzione fedele dei punti di vista dei diversi attori implicati nella rappresentazione cartografica partecipativa e a "chiarire le poste in gioco, gli interessi – relativi al fondiario – i problemi ambientali" (Etienne, 2010, p. 111), tuttavia, permangono delle questioni irrisolte. Il mapping collaborativo sembra essere preso nella trappola delle retoriche della partecipazione diventando uno strumento per giustificare dei progetti di intervento e di cooperazione in Africa subsahariana. Infatti, sempre più spesso, dietro l'etichetta "carta partecipativa" si trova un documento cartografico incapace di restituire le implicazioni sociali e culturali del territorio rappresentato, producendo l'effetto di escludere la restituzione delle competenze e dei saperi dell'attore che legittima il metodo stesso, ovvero la comunità locale. Infatti, dietro una concezione della comunità locale come "entità monolitica" (Rossi, 2000, p. 195), essa nasconde le dissimmetrie nell'implicazione di una collettività sociale.

In conclusione, si vuole ribadire che l'utilizzo del mapping di comunità come strumento di raccolta dati in base a criteri occidentali e senza una riflessione sui suoi esiti comunicativi, depotenzia la sua capacità di fare emergere i saperi che le comunità locali possiedono e l'impianto dei valori basici su cui organizzano il loro territorio. Mediante tale cartografia si giustificano formalmente gli interventi di cooperazione nel rispetto dei principi internazionali di partecipazione, ma si nega, nella pratica, il ruolo che essa potrebbe ricoprire nel dar voce alle popolazioni del Sud del pianeta.

Un recupero delle sue potenzialità pare potersi prospettare invece, nel momento in cui l'attore esterno che ne commissiona la realizzazione proceda impostando la carta a cogliere il territorio non in quanto dato, e quindi nella sua sola forma visiva, ma in quanto risultato e nello stesso tempo condizione di un processo mediante il quale la società rende possibile la propria sopravvivenza.

Sulla base di quanto fin qui affermato, l'obiettivo del prossimo capitolo sarà quello di prospettare alcune metodologie e strumenti per la creazione di una *corografia* di comunità all'interno di progetti di cooperazione allo sviluppo e di governance ambientale in Africa Occidentale. In particolare si illustra una specifica metodologia utile a restituire le logiche di coloro che vivono nel territorio rappresentato, facilitando la comunicazione dei loro valori sociali e culturali coerentemente con la prospettiva riflessiva annunciata in premessa al volume.

2. *Metodologie e strumenti per un mapping corografico nella governance ambientale*

La crescente complessità degli scenari della politica mostra la rilevanza del principio di governance nell'associare le istituzioni pubbliche, la società civile e le organizzazioni private nei processi decisionali concernenti questioni di carattere pubblico, mediante un'adesione attiva delle comunità locali (Turco, 2013, pp. 95-101)[1].

Negli ultimi anni, tale principio sta riscuotendo particolare attenzione a livello internazionale nell'ambito delle politiche ambientali. Esso è infatti richiamato all'interno dei documenti redatti negli incontri delle Nazioni Unite su Ambiente e Sviluppo, atti ad indirizzare le azioni di tutela in un'ottica di partecipazione locale.

Nel recente incontro parigino noto sotto il nome di "COP21" e dedicato alla XXI Conferenza delle Parti della Convenzione quadro delle Nazioni Unite sui cambiamenti climatici, 195 Stati hanno sottoscritto un accordo nel quale la sostenibilità passa per un approccio partecipativo e per una conoscenza delle vulnerabilità dei territori a partire dalla competenza di coloro che lo abitano:

> Le parti riconoscono che l'azione di adattamento dovrebbe seguire un approccio partecipativo, trasparente e responsabile, anche rispetto alla questione di genere, che prenda in considerazione i gruppi, le comunità e gli ecosistemi vulnerabili, basandosi sulle migliori conoscenze scientifiche disponibili e, nel caso, sulla conoscenza tradizionale, sulle conoscenze dei popoli indigeni e su tutti i sistemi locali di conoscenza del territorio, al fine di integrare l'adattamento in pertinenti politiche socio economiche ed ambientali. (ONU, Accordo di Parigi, 2015, articolo 7, comma 5, fonte: http://unfccc.int/resource/docs/2015/cop21/eng/l09.pdf)

Si nota infatti, che a distanza di più di vent'anni dall'adozione dell'Agenda 21 nel 1992, i temi della partecipazione sono sempre più attuali. A partire infatti da Rio de Janeiro, il termine si è diffuso come sinonimo di

[1] Per un approfondimento dei quadri normativi, delle retoriche e delle azioni pratiche legati alla governance territoriale, si vedano le riflessioni di Angelo Turco nel volume *Governance territoriale. Norme, discorsi e pratiche*, FrancoAngeli, Milano, 2013.

democrazia partecipativa o deliberativa. Nella prima sezione dell'Agenda 21, dedicata alle "Dimensioni sociali ed economiche" dello sviluppo, si afferma che uno dei presupposti per una gestione sostenibile delle risorse è quello di garantire una politica di partecipazione democratica. Inoltre, nella terza sezione sul "rafforzamento del ruolo dei Major Groups", si dichiara il ruolo rilevante delle autorità locali, vale a dire "del livello di governance più vicino alle popolazioni locali, nel creare dei contesti decisionali democratici". Infine, nella quarta sezione sui "Mezzi di implementazione", si sostiene ancora una volta l'importanza della governance considerata strumento o meccanismo legale che deve avere le caratteristiche di "trasparenza" e "democraticità".

Il principio della governance viene ampliato ulteriormente nel Documento di Implementazione, redatto in seguito al Summit Mondiale per lo Sviluppo Sostenibile tenutosi a Johannesbourg nel 2002. Innanzitutto, si parla di "buona governance" intesa quale modo di concepire la politica ambientale, sociale ed economica, mediante istituzioni democratiche rispondenti ai bisogni delle popolazioni, soprattutto nei paesi in via di sviluppo (Principio 4 dell'introduzione). Per esempio, nel capitolo dedicato allo "Sviluppo sostenibile per l'Africa", uno degli obiettivi delle Nazioni Unite è quello di "sostenere gli sforzi in favore della pace, della sicurezza, della prevenzione dei conflitti, della democrazia, della buona governance del rispetto dei diritti dell'uomo e delle libertà fondamentali, compreso il diritto allo sviluppo e all'uguaglianza tra i sessi" (Principi 62 e 71). Infine, nel Summit di Rio+20 del 2012, il discorso sulla governance e sulla partecipazione diventa il discorso di fondo su cui si costruiscono le nuove politiche ambientali del futuro e si ribadisce l'importanza di tali principi estendendoli alle comunità locali indigene (Principi 10, 43 e 49).

Il discorso sulla governance, ovviamente, va al di là dei confini delle politiche ambientali, tuttavia l'ambiente costituisce un terreno particolarmente fertile di innovazione nella conduzione degli affari pubblici. Tale termine deve il suo successo alla necessità, che investe la politica ambientale, di trovare categorie analitiche in grado di descrivere e analizzare le nuove modalità dei processi decisionali. Nelle questioni ambientali si palesa in tutta la sua pregnanza il fenomeno cui più insistentemente si fa riferimento nei discorsi sulla governance: la perdita di legittimazione e di efficacia dei tradizionali processi decisionali sull'uso delle risorse naturali.

Ne deriva così un nuovo approccio anche nell'ambito della protezione ambientale, noto sotto la denominazione di *Community Conservation*, teso a favorire politiche di conservazione promosse da o con le comunità locali e dunque in un'ottica di partecipazione locale. Si tratta di una nuova fase della protezione ambientale che si allontana dalla visione centrata sugli interessi dei Paesi erogatori di fondi quando le aree protette erano considerate spazi disgiunti dal contesto sociale che le circondava, per promuovere viceversa una gestione che vede i parchi inseriti in un processo di osmosi con la realtà territoriale nella quale essi sono inseriti (Cencini, 2004).

2.1. Tecnologie cartografiche per la governance ambientale

All'interno dei discorsi sulla governance ambientale, assumono un ruolo rilevante le rappresentazioni del territorio realizzate a supporto dei progetti di intervento. Come ricorda Franco Farinelli nell'introduzione del numero di Geotema dedicato all'analisi del contributo del sapere geografico nell'ambito della cooperazione allo sviluppo, il ruolo della rappresentazione cartografica e dell'immagine è strategico "nella costituzione del modello territoriale e del suo funzionamento" (Farinelli, 2015, cit. p. 3). Nello stesso numero della rivista, Emanuela Casti sottolinea infatti il ruolo che la Geografia deve assumere nella cooperazione allo sviluppo per ricucire la simbiosi territorio/cartografia, mediante rappresentazioni in grado di restituire i codici interpretativi delle comunità locali, il loro rapporto con la natura, la loro struttura ontologica, indirizzando le modalità di erogazione degli aiuti più rispondenti ai bisogni delle comunità locali (Casti, 2015b, pp. 28-29). È nota la difficoltà di realizzare documenti cartografici in grado di esprimere il loro punto di vista, senza negarne i saperi e i valori culturali che permeano il territorio. Ciò vale soprattutto in quelli dell'Altrove, dove la modalità di rappresentazione cartografica risponde a dei modelli culturali esterni rispetto a quelli delle comunità che vivono nel territorio rappresentato ed è strettamente legata all'eredità topografica (Casti, 1998b). Tuttavia, negli ultimi decenni si assiste a un cambiamento di prospettiva in linea con i nuovi principi della governance ambientale. In questo contesto, si indaga il ruolo della cartografia che tenta di rispondere alle esigenze di concertazione e di partecipazione.

Negli anni Novanta, sulla scia degli studi che in ambito teorico avevano denunciato la necessità di un cambiamento epistemologico nell'interpretazione della carta (Harley, 1990; Farinelli, 1992; Jacob, 1992; Wood, 1992), si è assistito all'inserimento delle Tecnologie dell'Informazione Geografica all'interno degli approcci partecipativi e si è aperto un dibattito concernente le implicazioni sociali dell'uso di tali tecnologie nei progetti di pianificazione territoriale. In tale contesto, alcuni geografi statunitensi riuniti nel progetto *Initiative 19 – GIS and society*[2] pioniere del filone di studi sui "Critical

[2] Per un approfondimento sull'Initiative 19, si veda: T. Harris, D. Weiner, "GIS and Society: The Social Implications of How People, Space, and Environment Are Represented in GIS", *Scientific Report for the Initiative 19 Specialist Meeting* (96-7), http://escholarship.org/uc/item/9bw2d2rw#page-16.

GIS", hanno espresso dubbi nei confronti della capacità delle tecnologie cartografiche di inglobare la concettualizzazione fatta dalle comunità locali rispetto al proprio territorio, dal momento che si tratta di "un'informazione cognitiva geograficamente imprecisa che non si esprime in modo agevole attraverso il paradigma punto/linea/poligono/pixel proprio dei GIS" (Harris *et al.*, 1995, cit. p. 216). Secondo tali autori la tecnologia GIS utilizzata nei progetti di cooperazione e dunque legata a dinamiche interculturali ha implicazioni geopolitiche poiché "[...] è uno strumento di assimilazione epistemologica e dunque è l'anello più recente nella serie di tentativi fatti dalla società occidentale di sottomettere le culture indigene" (Rundstrom, 1995, cit. p. 45).

Con la pubblicazione nel 1995 del volume curato da John Pickles *Ground Truth: the social implications of Geographic Information Systems*, il discorso è passato da una critica puramente teorica ad una sperimentale, sostanziata da casi di studio e da applicazioni atte a dimostrare due aspetti: il primo, riguardante la figura del cartografo, ovvero la possibilità di permettere l'uso dei sistemi informativi geografici anche alle comunità locali ed il secondo, concernente il processo di costruzione dell'informazione cartografica, ovvero la possibilità di rappresentare i saperi locali mediante le nuove tecnologie cartografiche. Nel primo caso, l'intento è di rendere le comunità locali autonome nella gestione della tecnologia e nella raccolta dei dati; nel secondo caso, l'obiettivo è di trovare le applicazioni più consone a restituire i saperi e i valori culturali, come per esempio quelli simbolici e mitici, che solitamente non vengono contemplati nell'ampio panorama di strumenti grafici offerti dai GIS.

Nel tentativo di superare la contrapposizione dei due approcci che vedono nella tecnologia simultaneamente riunite due capacità di rafforzamento o di marginalizzazione delle comunità locali (definita "GIS empowerment/marginalisation nexus" – Harris, Weiner, 1998), alcuni autori hanno proposto di riconsiderare le tecnologie cartografiche come sistemi che, se utilizzati mediante un atteggiamento riflessivo, sono in grado di facilitare la comunicazione tra soggetti caratterizzati da processi cognitivi e culturali differenti. Infatti, la questione non è poter catturare e replicare tutta la conoscenza locale, ma piuttosto selezionarla e rappresentarla in modo pertinente (Engle, 2001, p. 30).

Ciò ha portato alla creazione dei cosiddetti sistemi cartografici partecipativi che sono stati inseriti anche all'interno dei progetti di sviluppo, permettendo di georeferenziare e visualizzare la conoscenza territoriale delle comunità locali, indicata dagli autori anglofoni con l'acronimo ISK – *Indigenous Spatial Knowledge* (Rambaldi *et al.*, 2006). Tali sistemi ricorrono all'uso dei software GIS, per l'analisi di banche dati complesse, alle ortofoto georeferenziate, utili per ricostruire con le comunità locali i diversi usi del suolo in territori ampi, ai sistemi GPS per demarcare i confini tradizionali dei villaggi, oppure le zone oggetto di contesa tra più attori, o ancora per georeferenziare alcuni elementi tradizionali indicati all'interno delle carte partecipative.

Rispondendo alle critiche mosse nei confronti del cosiddetto "cyber-empire" o "tecno-capitalismo" di cui i GIS diventerebbero espressione (Pickles, 2004, pp. 145-175), sono stati elaborati i sistemi cartografici partecipativi distinguendosi, a seconda della tecnica utilizzata e del livello di partecipazione, in: i) cartografia o disegni partecipativi – realizzati manualmente dalle comunità locali su richiesta di un committente esterno; ii) sistemi CIGIS (*Community Integrated GIS*) – realizzati da interlocutori esterni sulla base dei disegni e delle indicazioni della comunità locale; iii) PPGIS (Public Participation GIS) realizzati mediante GIS o WebGIS messi a disposizione degli abitanti dalle istituzioni e amministrazioni locali (Casti, 2013, pp. 141-142)[3].

Se ci si sofferma ad analizzare i risultati cui giungono gli utilizzatori dei sistemi cartografici partecipativi nei paesi in via di sviluppo, si nota che essi riconoscono nei disegni partecipativi un supporto imprescindibile. Questi ultimi, come affermano gli autori, servono infatti a raccogliere il maggior numero di informazioni di tipo referenziale concernenti la localizzazione delle risorse, la loro distribuzione e i cambiamenti avvenuti dal momento della fondazione dei villaggi sino all'epoca attuale. Il passo successivo concerne il trasferimento dell'informazione raccolta dai disegni al sistema GIS, per poi decidere con la comunità locale quali interventi realizzare. Il prodotto finale cui si perviene è una cartografia digitale realizzata attraverso i sistemi GIS, che può essere presentata ai gestori dei progetti in una forma e in una scala che essi ritengono credibile ed utilizzabile per attuare le politiche territoriali. Viceversa, i gestori dei progetti avrebbero qualche difficoltà ad interpretare i disegni partecipativi, a causa dell'elevata densità dell'informazione in essi contenuta, della grande scala utilizzata, riferita solitamente al villaggio visto nel dettaglio, ed al sistema grafico non rispondente al modello topografico. La sfida proposta dai promotori dell'uso partecipativo dei sistemi cartografici è dunque quella di integrare nei GIS l'informazione prodotta dalla cartografia partecipativa, garantendo in tal modo: l'accuratezza della gestione dei dati mediante l'interrogazione di un database; la restituzione

[3] Si segnala la presenza di un animato dibattito telematico che coinvolge ricercatori promotori e utilizzatori di tali sistemi e appartenenti a diversi ambiti disciplinari (tra cui geografi, antropologi, tecnici della cartografia, ingegneri e architetti), impegnati nello scambio di informazioni e idee all'interno di un cospicuo numero di pagine web e di forum virtuali. Tra questi il più attivo è il sito dello IAPAD (*Integrated Approach for Participatory Development*) che gestisce il forum PPGIS.net e coinvolge una comunità di ricercatori del mondo accademico, di sviluppatori informatici e di membri di associazioni coinvolte nella cooperazione decentrata. Si veda: www.pgis.net.

dell'informazione ad una scala più piccola; e l'uso di un sistema di codificazione euclideo.

Tra i diversi esempi di sistemi cartografici partecipativi, si stanno diffondendo quelli basati sulla rappresentazione tridimensionale del territorio, passando da una carta partecipativa in due dimensioni, a un vero e proprio plastico realizzato dalle comunità locali, che viene poi tradotto in un GIS avente possibilità di visualizzazione 3D (Rambaldi, Callosa-Tarr, 2000; Pedone, Rambaldi, 2011). Oltre alla terza dimensione, con l'avanzamento delle tecnologie, tali sistemi si arricchiscono di modalità tecniche sempre più varie: si ricorre infatti ai sistemi di posizionamento satellitare GPS, all'uso di piattaforme Internet (tra le quali: Google Maps, OpenStreetMap, Wikimapia), all'uso di immagini satellitari o fotografie aeree. Nel processo di mapping partecipativo, queste tecniche sono combinate tra loro per trasmettere la conoscenza locale circa l'uso delle risorse naturali e di aprire la possibilità di istituire un dialogo interculturale tra gli attori coinvolti nella progettazione territoriale.

Come è stato dimostrato nel capitolo precedente (paragrafo 1.3.) dall'analisi dei rapporti e pubblicazioni sull'uso dei sistemi cartografici partecipativi realizzati nell'ambito di progetti di cooperazione, emerge che l'informazione proveniente dalle comunità locali è restituita seguendo logiche euclidee senza riflettere se possa esistere un linguaggio cartografico capace di trasferire i valori sui quali si regge l'agire territoriale di una comunità. Infatti, la costruzione di un mapping di comunità in assenza di una conoscenza appropriata dell'organizzazione territoriale locale conduce a mistificare piuttosto che a ricostruire le competenze e i saperi degli abitanti nel rapporto con il proprio luogo di vita.

Per evidenziare i rischi di tale atteggiamento nei confronti della cartografia partecipativa, presentiamo in questa sede un approccio riflessivo al mapping realizzato nell'ambito di progetti di cooperazione ambientale in Africa subsahariana.

2.2. Verso un mapping corografico di comunità

Ancorandosi alla formalizzazione teorica e alle indicazioni metodologiche elaborate da Emanuela Casti (2013, 2015a) per la costruzione di una cartografia riflessiva, si prospetta un approccio in linea con i principi di partecipazione e di governance ambientale in cui la cartografia diventa una piattaforma utile a creare un dialogo interculturale tra attori appartenenti a contesti territoriali diversi (Burini, 2010). Infatti, tale teoria apre la possibilità di realizzare carte che mostrino i saperi locali da includere nei tavoli della concertazione e della presa di decisione. Offrire la possibilità alle comunità di intervenire nella costruzione del mapping del loro territorio è il primo passo per il recupero del loro punto di vista, solitamente ignorato.

La semiosi cartografica si basa su due assunti: il primo concepisce la carta strettamente legata alle dinamiche territoriali cui è necessario ancorare la sua interpretazione; il secondo prevede che la comunicazione avvenga in presenza di un interprete nel doppio ruolo di interprete sociale e attore territoriale.

Per quanto riguarda il primo aspetto, nella cartografia partecipativa l'interprete primo, vale a dire il cartografo, raggruppa una serie di soggetti tra i quali possono rientrare anche coloro che dovranno realizzare gli interventi sul territorio. Tuttavia ciò non basta per assicurare che l'azione territoriale tenga conto dei saperi e dei valori comunicati dalle comunità locali mediante la carta. È necessario infatti riflettere sugli esiti comunicativi prodotti da tali sistemi, per evidenziare gli elementi di cui è necessario tener conto se si vuole agire in un'ottica di partecipazione. Infatti, i segni cartografici veicolano un'informazione concernente il territorio che sarà assunta dal destinatario come verità condivisa, pur essendo di natura altamente congetturale o soggettiva. Tale è l'esito sia dell'autoreferenza, ovvero della capacità della carta di intervenire nella comunicazione in modo autonomo e indipendentemente dalle intenzioni del cartografo, sia dell'iconizzazione che da essa deriva, ovvero il processo comunicativo mediante il quale la carta esprime degli scenari non necessariamente corrispondenti alla realtà che si sostituiscono ad essa condizionando di conseguenza l'azione sul territorio (Casti, 2013, p. 287).

In tal senso, la semiosi cartografica diventa uno strumento prezioso per l'elaborazione della cartografia partecipativa, dal momento che pone al centro dell'analisi l'unità di significazione del messaggio cartografico, vale a dire l'icona[4]. Assumiamo che l'icona è in grado di evidenziare o nascondere le qualità territoriali e, ancor più rilevante, possiede la capacità di indirizzarne la comunicazione. Così dipende dall'icona se i fenomeni geografici sono comunicati nei loro aspetti superficiali, evidenti, o se, viceversa, sposta il piano d'attenzione su quelli profondi prodotti socialmente. Di conseguenza è attraverso l'analisi dei significati e delle connessioni tra icone che si può ricostruire il significato sociale attribuito ai luoghi per poterlo recuperare in una eventuale rielaborazione cartografica.

[4] Ricordiamo che l'icona cartografica è una figura semiotica che prende in carico il designatore, ne rafforza la referenza e ne veicola alcune valenze connotative. Essa è formata dal designatore accompagnato dai surrogati figurali, cromatici, numerici, e della posizione, producendo un'estensione del nome. Nel caso in cui l'icona non preveda la presenza del designatore ma sia formata solamente dai surrogati, si è in presenza di una surrogazione. Si veda a tale proposito: Casti, 1998a, pp. 69-76.

2.3. Metodologie partecipative per il mapping corografico: la strategia SIGAP

Per applicare operativamente le indicazioni fornite dall'approccio semiotico viene proposta una metodologia di ricerca denominata SIGAP (Sistemi Informativi Geografici Aree Protette/Azioni Partecipate) che prospetta il processo di costruzione cartografica interrelato con quello dell'analisi territoriale (Casti, 2006)[5]. Si tratta di una metodologia di ricerca atta a realizzare strumenti utili nella progettazione territoriale in un'ottica di partecipazione. Essa si articola in quattro fasi modulari: i. *conoscenza*: mediante l'osservazione e l'indagine di terreno confrontate con i dati statistici, nel caso esistano, ma soprattutto mediante la creazione di una cartografia partecipativa a plurime scale; ii. *modellizzazione*: mediante l'interpretazione delle informazioni e dei dati prospettati da tale cartografia di conoscenza quale piattaforma per la creazione di una cartografia centrata sulle esigenze della progettazione territoriale; iii. *concertazione*: centrata sul confronto tra comunità locali e attori della cooperazione relativamente a specifici conflitti o problemi da risolvere mediante l'elaborazione di una cartografia di progetto che mostri proposte operative; ed infine iv. *capitalizzazione*: mediante l'elaborazione di sistemi interattivi e multimediali sia per orientare le azioni sul territorio sia come strumenti divulgativi e di trasferimento di conoscenza (Casti, 2013, pp. 147-160). Da ciò risulta evidente che ogni fase è caratterizzata dal ricorso a sistemi cartografici partecipativi, aventi obiettivi e funzioni diverse. Passiamo dunque ad indagare gli aspetti semiotici e le scelte costruttive che condizionano la loro realizzazione.

Per quanto concerne la *cartografia di conoscenza*, essa comprende i disegni partecipativi realizzati all'interno dei villaggi indagati, così come i sistemi cartografici che ne derivano, inseribili nella categoria dei CGIS, aventi l'obiettivo di integrare i dati raccolti nell'analisi di terreno producendo una cartografia di conoscenza di sintesi ad una doppia scala locale e regionale. Tale processo cartografico tiene conto non solamente della partecipazione effettiva dei diversi attori nella produzione cartografica (comunità locali, enti

[5] Tale strategia, in seguito applicata in vari contesti africani e europei, ha trovato formalizzazione durante la ricerca condotta nelle aree periferiche alla Riserva di Biosfera Transfrontaliera W (Burkina Faso, Benin, Niger) a cui la scrivente ha partecipato all'interno dall'équipe del Laboratorio *Diathesis*. Essa coinvolgeva un nutrito numero di ricercatori africani (Université de Ouagadougou, Université de Niamey, Université d'Abomey-Calavi/Cotonou, Université de Parakou) ed europei (Università degli Studi di Bergamo; CIRAD - Coopération Internationale en Recherche Agronomique pour le Développement, istituto responsabile della ricerca scientifica), sotto il coordinamento scientifico di Emanuela Casti. Le ricerche hanno previsto lunghe analisi di terreno, condotte negli anni 2002-2003-2004, finalizzate a redigere una zonazione che indicasse le differenti strategie di gestione da seguire.

coinvolti nella gestione del parco), ma tenta di riflettere sugli esiti comunicativi delle carte così prodotte, dando rilievo, attraverso le scelte grafiche, agli aspetti concernenti l'organizzazione territoriale e le istanze identitarie delle popolazioni locali. Più nello specifico, la competenza semiotica nella realizzazione della cartografia partecipativa, si rivela strategica per estrapolare informazioni che contribuiscono a sostanziare punti di vista e saperi locali imprescindibili per la conservazione[6]. Va rimarcato, infatti, che, in merito alla resa comunicativa, già durante l'indagine, la rappresentazione cartografica ha mostrato la sua efficacia, consentendo di mostrare sia gli aspetti quantitativi che quelli qualitativi relativi all'organizzazione territoriale delle popolazioni locali (statuto delle terre, luoghi sacri, evoluzione dell'estensione dei villaggi, mutamento delle attività produttive,...).

L'insieme dei documenti cartografici così realizzati è servito a creare una cartografia utile alla *modellizzazione*, la cui adozione ha dato esiti insperati riuscendo a produrre una particolare elaborazione cartografica realizzata per mezzo di applicazioni GIS in grado di integrare la complessa organizzazione territoriale locale con gli obiettivi e le strategie proprie del progetto di cooperazione ambientale. Si è infatti giunti in tal modo ad una cartografia utile alla zonazione dell'area protetta indagata, realizzata non tanto mediante criteri topografici fondati sulla metrica della distanza, quanto piuttosto su criteri corografici, dati dalla relazione esistente tra le comunità e il loro territorio.

Oltre alla modellizzazione, i sistemi cartografici partecipativi hanno facilitato la realizzazione della *concertazione*, al fine di istruire le politiche ambientali, verso decisioni compatibili con i bisogni delle comunità locali, quali per esempio la creazione dei percorsi per l'attività pastorale o la scelta dei periodi di accesso alle risorse naturali presenti all'interno del parco. A tale proposito, le elaborazioni cartografiche prodotte all'interno di una ventina di villaggi campione hanno consentito di creare delle piattaforme di confronto tra comunità locali e gestori dell'area protetta per la negoziazione dell'accesso alle risorse del parco da parte delle comunità locali, al fine di svolgere le proprie pratiche simboliche e produttive per la loro sopravvivenza.

I vari sistemi cartografici così prodotti sono confluiti all'interno di un sistema cartografico interattivo e multimediale finalizzato alla *capitalizzazione* dei risultati della ricerca, ma che permette altresì di seguirne l'intero processo, pubblicando i vari documenti sia di stampo cartografico, o di altra natura (rapporti, fotografie, video)[7].

[6] Per una classificazione dei saperi tradizionali presso le comunità di villaggio dell'Africa subsahariana, si veda: Turco, 2004.

[7] Si tratta del sistema Multimap, realizzato in ambito html, consultabile sul sito: www.multimap-parcw.org.

2.4. Aspetti semiotici e scelte costruttive dei sistemi cartografici partecipativi di conoscenza

Illustrando le modalità mediante le quali sono stati tradotti i presupposti dell'approccio corografico nella realizzazione dei sistemi cartografici di conoscenza, va sottolineata l'assunzione di un approccio riflessivo che tenesse conto: i) dell'interprete del documento; ii) della tipologia del dato; iii) della trasposizione grafica dell'informazione.

Il disegno partecipativo ha la prerogativa di esprimere un particolare punto di vista. Si tratta di una cartografia riferita ad un territorio circoscritto, dove vive e lavora la comunità indagata. Per quanto riguarda l'interprete cartografico, siamo di fronte a due figure: il committente – spesso un ricercatore – che, in seguito ad un'indagine di terreno attuata mediante l'inchiesta e l'osservazione, sottopone alla comunità una problematica emersa o la validazione delle informazioni raccolte; il cartografo, identificabile in un gruppo di attori appartenenti ad una associazione o gruppo di villaggio (notabili, agricoltori, allevatori, pescatori, cacciatori, donne, ...) (Fig. 4).

Fig. 4 – Gli interpreti coinvolti nel disegno partecipativo presso il villaggio di Monko (Benin)

Fonte: fotografia dell'autrice

Il disegno viene ottenuto lasciando liberi i partecipanti l'assemblea di utilizzare una visione prospettica o zenitale e l'uso di icone astratte o figurali distribuite in modo analogico rispetto alla realtà, tralasciando la pretesa di accuratezza e precisione della distanza: il dato rappresentato si riferisce ad informazioni quantitative e qualitative provenienti dalla conoscenza e dall'esperienza della comunità che valuta liberamente la loro rilevanza. Si propone così una semantica che privilegia una visione libera da condizionamenti topografici basata sull'uso di icone nella maggior parte figurali cui viene associato il designatore locale, che compatta il significato sociale dei fenomeni geografici. Nella maggior parte dei casi sono espressi *saperi* atti a trasferire al suolo valori *simbolici*, socialmente elaborati nel mito e la storia che ne deriva (luoghi sacri, luoghi della fondazione) o performativi, che mostrano il patrimonio di conoscenze empiriche che seppur tramandate oralmente costituiscono un patrimonio trasmesso da generazione in generazione. I saperi performativi sono rubricabili in tre categorie: i *saperi funzionali*, rivolti alle conoscenze e alle pratiche materiali per l'identificazione dei luoghi in cui svolgere le attività produttive (aree agricole e pastorali, luoghi di pesca, di caccia e di raccolta); i *saperi giurisdizionali* che informano dell'organizzazione sociale e territoriale della comunità (confini del villaggio, localizzazione delle autorità fondiaria, politica e religiosa); i *saperi securitari*, atti ad ottimizzare lo sfruttamento delle risorse e a garantire la loro riproducibilità (aree agricole a riposo, aree forestali non ancora sfruttate).

Nella figura 5 vengono mostrati alcuni esempi di icone relative a saperi simbolici, funzionali, securitari e giurisdizionali. L'icona A – redatta dai notabili di Fiafounfoun (Benin) di etnia mokollé – è costituita dal surrogato figurale del baobab accompagnata dal designatore *kpoto*. La sua importanza sociale deriva dal patto che il lignaggio Torou ha stabilito con esso al momento della fondazione del villaggio, facendolo successivamente diventare luogo sacro, esprimendo i saperi simbolici. L'icona B è stata realizzata dai pescatori di etnia dendi del villaggio di Bossia (Niger) e mostra gli emissari del fiume Niger mediante la linea ed il designatore *bangou*. È evidente che il reticolo idrografico ricopre un significato che va ben oltre la referenzialità, dal momento che distingue diverse categorie di corsi d'acqua, a seconda delle specificità fisiche e delle potenzialità per le attività produttive locali, e dunque esprime i saperi funzionali. L'icona C, prodotta dai consiglieri del sovrano *Saka* del villaggio di Kandi (Benin), è composta dal designatore Kandi, circondato da un cerchio che sottolinea la sua consistenza territoriale e affiancato dal disegno del simbolo politico del sovrano: il bastone del comando. Essa esprime dunque i saperi giurisdizionali. L'icona D è stata creata dal gruppo delle donne di Fiafounfoun in Benin ed è composta dal designatore *Abougoundou*[8], accompagnato dai designatori *uédjé*, che indicano le foglie di baobab e da surrogati figurali

[8] Si tratta di un designatore simbolico che in lingua mokollé significa "lo spirito" (*goundou*), "della donna" (*abou*). Esso corrisponde al luogo ove si concentrano, secondo la tradizione mokollé, le divinità femminili del villaggio che impediscono qualunque attività produttiva se non quella della raccolta praticata dalle donne.

riferiti agli alberi. In tale area si concentrano infatti baobab, néré e karité che vengono tradizionalmente conservati mediante una selezione delle pratiche di sfruttamento: vi è possibile praticare solamente la raccolta delle foglie di baobab, assicurando in tal modo la preservazione delle specie vegetali e animali in essa presenti, operando secondo i saperi securitari.

Se liberate dalla logica euclidea, tutte queste icone richiamano il piano connotativo della comunicazione. Infatti, da tali esempi emerge che, se indagato mediante la semiosi cartografica, il disegno partecipativo diventa un sistema comunicativo ricco di informazioni connotate di valori culturali e di saperi propri della comunità che la realizza.

Fig. 5 – Esempi di icone riferite ai saperi simbolici, funzionali, giurisdizionali e securitari

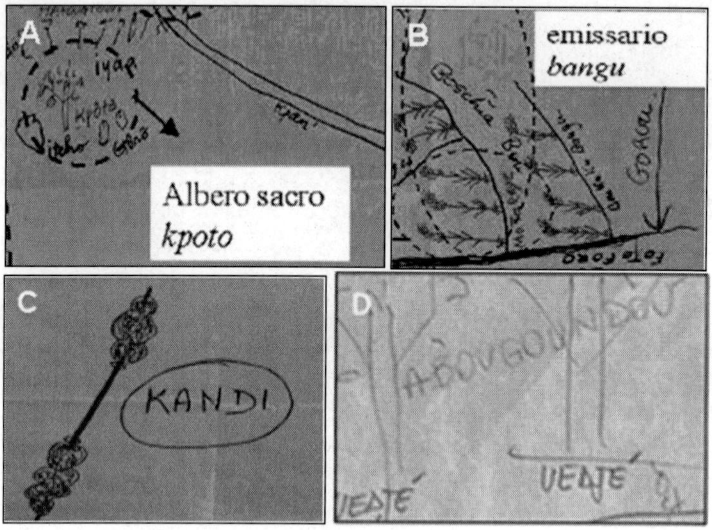

I disegni partecipativi non sono sufficienti a garantire che l'azione di protezione ambientale tenga conto delle informazioni trasmesse dalla comunità di villaggio. Infatti, i gestori del progetto avrebbero qualche difficoltà ad interpretare tali disegni, sia perché fuorviati da una mentalità topografica già diffusa, sia a causa dell'elevata densità informativa alla quale non hanno accesso. Dunque, risulta opportuno trasformare tali disegni in una cartografia digitale adattandoli alle esigenze degli attori della cooperazione senza rinunciare al piano connotativo della comunicazione.

I disegni partecipativi vengono di conseguenza rielaborati digitalmente dal ricercatore (applicativi GIS, sistemi di grafica computerizzata, GPS, immagini telerilevate satellitari o aeree) che, pur rispettando le informazioni e le scelte grafiche del disegno, attua ulteriori scelte costruttive. La sperimentazione in questo campo integra nei sistemi informatizzati i dati quantitativi e qualitativi provenienti dal disegno partecipativo, cercando di garantire: l'accuratezza della gestione dei dati affidata al database; la restituzione dell'informazione ottenuta in contesti locali inserendola in un contesto territoriale più ampio; l'uso di un sistema di codificazione che sia interpretabile dagli attori esterni alla comunità di villaggio.

Successivamente, la carta così ottenuta sarà sottoposta alla validazione degli abitanti dei villaggi chiamati ad esprimersi sull'esattezza e sulla pertinenza interpretativa dell'informazione che hanno fornito.

Per quanto riguarda l'impianto costruttivo si georeferenziano le informazioni, importando i dati rilevati da GPS ed operando un'interpretazione delle immagini satellitari o aeree. Inoltre, possono essere aggiunti dati suppletivi rilevati mediante l'osservazione e l'inchiesta. Dunque, nella trasposizione digitale il ricercatore mette in relazione tra loro informazioni provenienti da vari contesti ma altresì tra un documento e l'altro. L'esito è la creazione di carte riferite allo statuto delle terre, alla distribuzione della popolazione, alle attività produttive, agli aspetti simbolici o altro, dove prospettive culturali differenti e saperi locali e tecnici diventano simbioticamente un prodotto interculturale.

Fig. 6 – Sistemi cartografici partecipativi di conoscenza a scala regionale (A) o locale (B)

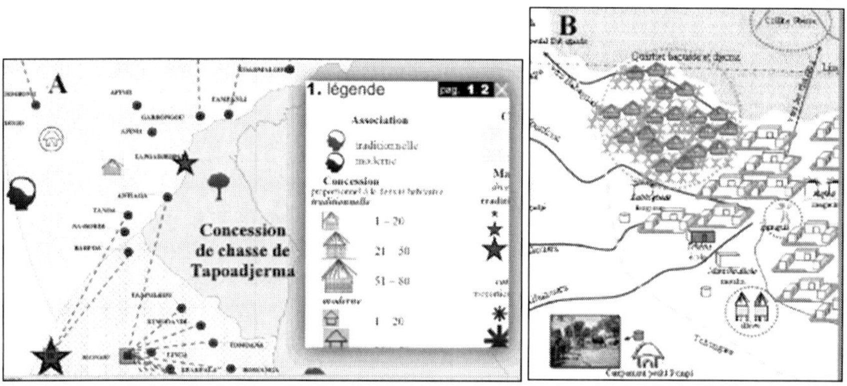

Fonte: www.multimap-parcw.org

Nella figura 6, a titolo di esempio, si mostrano i particolari di due carte realizzate a scala regionale (A) e locale (B). Nel primo, si tratta di una carta riferita agli aspetti relativi all'ipostatizzazione del potere tradizionale messa in relazione con il sistema commerciale introdotto dall'esterno nei villaggi attorno alla Riserva di Biosfera Transfrontaliera W. Nel secondo, siamo di fronte alla pianta del villaggio di Mokollé che mostra gli elementi propri della modernità e quelli della tradizione. In entrambi i casi, i dati riportati fanno riferimento sia ad informazioni raccolte mediante i disegni partecipativi (presenza di luoghi sacri, di colture di sussistenza o speculative) che a dati ottenuti mediante l'inchiesta di terreno (statuto delle terre, presenza delle associazioni, tipologia delle concessioni, tipologia dei mercati). Per quanto concerne la trasposizione grafica, è evidente nel primo caso l'uso di segni figurali e astratti, esito della commistione delle differenti fonti da cui provengono i dati, mentre nel secondo, l'uso di surrogati esclusivamente figurali, tesi a rendere più immediata la comprensione dell'origine partecipativa dei dati e nello stesso tempo a prospettare la necessità di soffermarsi su una loro interpretazione.

Va altresì tenuto conto che nel realizzare tali carte il ricercatore deve padroneggiare gli esiti autoreferenziali della carta e piegarli ai propri fini. Infatti, va ribadito con forza che l'obiettivo della cartografia partecipativa non è la rappresentazione oggettiva e neutra del mondo – e quale carta lo può essere? – ma piuttosto uno strumento interessato e di parte che tuttavia porta a considerare aspetti imprescindibili dell'attuazione di una buona governance (Casti, 2003, pp. 322-323).

La carta partecipativa, dunque, è abilitata a tradurre alcune linee guida proprie della cooperazione ambientale, ossia la partecipazione e la concertazione, per l'attuazione di una governance territoriale. Dall'analisi appena presentata è evidente che ciò si rende possibile mediante uno sforzo ed un'attenzione in tutte le fasi del processo di costruzione cartografica. Infatti, non si tratta banalmente di realizzare disegni o sistemi partecipativi mediante il coinvolgimento degli attori locali, ma di padroneggiare gli esiti comunicativi di tali documenti. Per raggiungere tale scopo, in primo luogo, le comunità locali devono essere coinvolte in tutte le fasi del processo; in secondo luogo, il dato deve far riferimento alle conoscenze ed ai saperi delle popolazioni locali; infine, per quanto riguarda la trasposizione grafica, le icone cartografiche, liberate da codificazioni topografiche possono spaziare nel dominio del figurale, astratto o altro. L'uso della prospettiva o della visualizzazione tridimensionale, favorisce tale trasposizione e facilita la comprensione del loro significato ad attori provenienti da differenti panorami culturali; ma quello che è ancor più importante introduce la dimensione paesistica dei luoghi e la sua pregnanza sociale e culturale.

Concludendo, se realizzata col supporto di adeguati strumenti interpretativi e metodologici, come nel nostro caso la semiosi cartografica e la strategia SIGAP, la cartografia partecipativa è in grado di colmare lo scarto cognitivo esistente tra sapere locale e sapere tecnico, evitando il processo di "marginalizzazione" dei valori locali, evocato dai geografi americani nell'approccio critico ai GIS. È su tale funzione conciliatrice che è necessario porre l'attenzione, nel momento in cui si vuole analizzare il ruolo dei sistemi geografici partecipativi nella governance ambientale ed è dunque in questa direzione che illustriamo nel prossimo capitolo alcuni esempi di mapping di conoscenza volti a far emergere il patrimonio culturale e naturale posseduto delle comunità che vivono nei villaggi dell'Africa subsahariana.

3. Saperi tradizionali e mapping di comunità: la periferia della RBT W in Africa Occidentale

Insongui y yama qui ya legdi mi mam yé carti yéni po,
kelma li tié ti dogou ya yé poyo
(Non affrettatevi a dare risposte da inserire nella carta,
poiché ciò è troppo importante per l'onore del nostro villaggio)

Con questo ammonimento, un anziano consigliere del capo villaggio di Kondio (Burkina Faso) si rivolgeva alla popolazione adunata sotto l'*arbre à palabre* suggerendole il comportamento da assumere nei confronti di un gruppo di ricercatori interessati a costruire una carta per capire la relazione esistente tra le comunità e il loro territorio.

Tali parole, esprimendo la consapevolezza della potenzialità del ruolo della rappresentazione cartografica ma anche della sua pericolosità, condensano l'obiettivo del capitolo, che si propone di prendere in esame le carte partecipative quale sistema comunicativo atto a disvelare i saperi sui quali si basa l'organizzazione territoriale delle comunità africane.

A partire dall'esperienza di terreno condotta nelle periferie della Riserva della Biosfera Transfrontaliera W, nell'ambito del programma ECOPAS, si analizzerà il processo di realizzazione del mapping di conoscenza proprio della prima fase della strategia SIGAP, come anticipato nel precedente capitolo[1]. Più specificatamente, vengono prospettate le fasi realizzative dei disegni cartografici partecipativi, ovvero l'insieme di carte, costruite da gruppi appartenenti ad una medesima comunità di villaggio.

Gli obiettivi perseguiti sono due: quello di mostrare, attraverso un'analisi comparativa delle carte, i plurimi saperi espressi dagli abitanti di uno stesso villaggio; quello di evidenziare il processo di digitalizzazione dei dati mediante il ricorso alle tecnologie digitali per realizzare i sistemi cartografici

[1] La strategia SIGAP è stata fino ad ora applicata a tre contesti di protezione ambientale nel territorio africano: nella periferia della Riserva della Biosfera Transfrontaliera W (Benin, Burkina Faso e Niger) (Casti, 2006; Burini, 2006; Ghisalberti, 2006, 2011); nei villaggi limitrofi all'Unità di protezione e conservazione Arly (Burkina Faso) (Casti, Yonkeu, 2009); nel Parco Nazionale Zinave (Mozambico) (Belotti, 2013, 2014). Qui presentiamo i risultati del mapping di comunità realizzato attorno alla RBT W.

partecipativi. Assumendo le indicazioni fornite dalla semiosi cartografica ed entrando nelle pieghe del funzionamento comunicativo si potrà disvelare le implicazioni sociali del messaggio che essa veicola.

L'importanza di recuperare i differenti saperi deriva dal fatto che essi rimandano alla competenza territoriale ed ambientale degli abitanti. Tali saperi sono comunicati attraverso i designatori nella loro valenza simbolico-sacrale o tecnico-performativa legata all'esperienza empirica e alla pratica, riconducibili, come specifica Angelo Turco, rispettivamente nel "*mythos* e nella *techne*" (Turco, 2004)[2]. Tuttavia, tali ambiti non vanno assunti come tra loro separati ma piuttosto considerati come elementi la cui interazione semantica è particolarmente ricca presso le comunità di villaggio dell'Africa subsahariana: la loro integrazione nelle pratiche quotidiane dell'abitare contribuisce a mantenere l'ipostatizzazione del potere e della sicurezza sociale poiché regolano le dinamiche di accesso alle risorse naturali (Turco, 2004, p. 616).

I saperi di tipo simbolico trasferiscono sulla superficie terrestre delle credenze generalizzate, basate su valori socialmente prodotti e diffusamente condivisi. Il dominio simbolico più pregnante è il sacro espresso dal valore religioso (luogo sacro), ma anche altri valori come quello "politico" o "storico" riferiti ora a personaggi o ad avvenimenti che hanno lasciato un segno sul territorio. I saperi di tipo performativo racchiudono e veicolano una conoscenza ottenuta per via sperimentale: se si denomina in un certo modo un suolo fertile è perché, a certe condizioni, è possibile ottenere buoni raccolti. I saperi performativi sono suddivisibili in tre categorie: quelli *funzionali*, rivolti alle conoscenze e alle pratiche materiali per l'identificazione dei luoghi in cui svolgere le attività produttive (aree agricole e pastorali, luoghi di pesca, di caccia e di raccolta); quelli *giurisdizionali* che informano sull'organizzazione sociale e territoriale della comunità (confini del villaggio, localizzazione delle autorità fondiaria, politica e religiosa); infine, i *securitari* che servono ad ottimizzare lo sfruttamento delle risorse e a garantire la loro conservazione e riproducibilità (aree agricole a riposo, aree boschive parzialmente utilizzate).

Il trasferimento di tale patrimonio valoriale all'interno dei sistemi cartografici partecipativi di conoscenza, come si è visto nel secondo capitolo,

[2] Come specifica Angelo Turco, il più elementare dei saperi territoriali è quello referenziale ed è racchiuso nei designatori che fissano un riferimento sulla superficie terrestre: indicando con precisione l'ubicazione di un luogo, in assoluto o in rapporto ad altri luoghi, essi rendono possibile il posizionamento dei soggetti, degli oggetti e degli eventi, consentendo così alle persone di spostarsi nello spazio senza correre il rischio di perdersi. L'impianto referenziale è a sua volta integrato da altre forme di sapere territoriale, decisamente più complesse, come quella simbolica e performativa su cui si concentra la presente analisi. Per una classificazione dei saperi tradizionali presso le comunità di villaggio dell'Africa subsahariana, si vedano: A. Turco, "Mythos e techne, la funzione interculturale del territorio in Africa subsahariana", in: *Bollettino della Società Geografica Italiana*, serie XII, vol. IX, 2004, pp. 601-616.

parte da un approccio riflessivo alla redazione cartografica e dall'analisi dei presupposti dell'approccio corografico al mapping di comunità.

3.1. Il contesto territoriale della RBT W

L'analisi che seguirà nei paragrafi successivi avrà come oggetto le periferie di un'ampia area protetta situata tra il Burkina Faso, il Benin e il Niger, la Riserva della Biosfera Transfrontaliera W (Fig. 7), che prende il nome dal doppio meandro disegnato dal fiume Niger in corrispondenza del confine settentrionale del parco (Rouch, 1950)[3].

Si tratta di un'area che, dal punto di vista morfologico e climatico, presenta aspetti particolarmente significativi[4], al punto da essere riconosciuta,

[3] Il designatore "W" che si riferisce a tutta l'area protetta del Parco è stato attribuito dai primi esploratori europei che hanno individuato sulla carta questa forma peculiare del corso sinuoso del fiume Niger, nella componente nigerina del parco, all'altezza dei villaggi di Kirtachi e di Boumba. Si veda a questo proposito: J. Rouch, "Toponymie légendaire du W du Niger", in: *Notes africaines*, vol. 46, CNR, Parigi, 1950, pp. 50-52.

[4] Il parco e la sua area periferica sono situati su un penepiano di circa duecento-trecento metri sopra il livello del mare, caratterizzato per gran parte da terreni precambriani. Nella regione nord-occidentale vi si trovano, accanto alle serie sedimentarie del sistema voltaico costituite da gres e scisti, rocce metamorfiche al confine col Burkina. Quest'area è caratterizzata da un clima di tipo sahelo-sudanese, a doppia stagionalità, influenzato, dal mese di maggio ad ottobre, dal passaggio del FIT (Fonte Intertropicale) – cioè un prolungamento dell'aliseo australe che si è caricato di umidità lungo il tragitto oceanico e che dopo aver attraversato l'equatore prende una direzione sud-ovest/nord-ovest – mentre, durante la stagione secca, dall'aliseo continentale, che soffia da novembre alla fine di aprile, proveniente da nord-est e carico della sabbia del Sahara. La combinazione di questi fattori morfologici, pedologici e climatici ha favorito la formazione di un'idrografia alquanto densa. La parte più settentrionale del Paese appartiene idrograficamente al bacino del Niger, che qui riceve vari affluenti tra i quali l'Alibori, la Tapoa e la Mekrou, che scorrono in parte all'interno del parco. La vegetazione forestale è quasi assente, salvo lungo i corsi d'acqua (foresta a galleria); prevale invece la savana, (arborata, arbustiva ed erbosa) con le specie tipiche dell'area sudanese-guineana (acacie, baobab, arbusti caducifogli), che, verso nord, si diradano presentando vasti spazi erbosi. La vegetazione è caratterizzata dalle tre tipologie di savana e da foreste a galleria lungo i corsi d'acqua. Per un inquadramento fisico dell'area si veda, per la parte beninese: K.S. Adam, M. Boko, *Le Bénin*, Editions du Flamboyant, Cotonou, 1993; per la parte nigerina: I. Beidou, J.P. Henry, J.P. Rothiot, *Le Niger*, Hatier-Indrap, Niamey, 1978; AA.VV., *Le Niger*, Etudes scientiphiques, IRSH, Niamey, 1981; B. Amadou, M. Banoin, "Politiques de l'élevage à Windé-Bago", in: *Actes du Colloque tenu à Niamey du 14 au 15 décembre 1995, Agricultures en mutation*, Université Abdou Moumouni, 1996, pp. 137-150; per la parte burkinabé: G. Pallier, *Géographie générale de la Haute Volta*, CNRS, Limoges, 1978; lo studio socio-antropologico di M. Aime, *Le radici nella sabbia. Viaggio in Mali e Burkina Faso*, EDT, Tourin, 1999; ed un'analisi geografica in: J. Bethemont, P. Faggi, T.P. Zoungrana, *La vallée du Sourou, Burkina Faso: genèse d'un territoire hydraulique dans l'Afrique soudano-sahélienne*, L'Harmattan, Parigi, 2003.

nel 2002, Riserva di Biosfera dell'UNESCO, inclusa nelle zone umide della convenzione di Ramsar ed annoverata tra le aree di intervento del programma WARPO (*Western African Regional Program Office*)[5].

Fig. 7 – Localizzazione della RBT W in Africa Occidentale

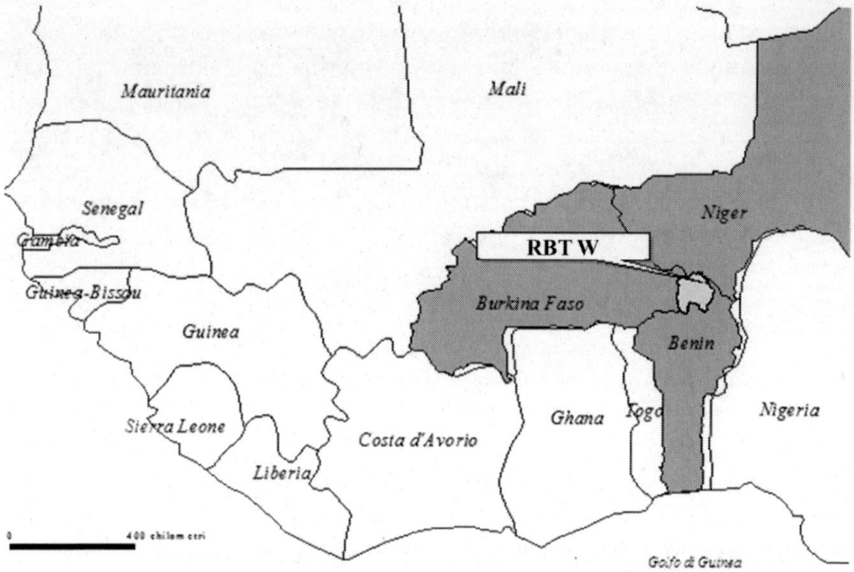

Considerando i caratteri sociali e territoriali di quest'area è da sottolineare la presenza di numerosi gruppi etnici nelle periferie del parco (Batonou, Mokollé, Gourmantché, Djerma, Dendi, Peul, Fulmangani, Gando, Haoussa), organizzati secondo un impianto territoriale costituito da villaggi, accampamenti e insediamenti temporanei, uniti da legami di carattere clanico e da rapporti gerarchici, che vanno a formare nell'insieme un complesso sistema territoriale[6]. Al fine di meglio entrare nelle pieghe delle problematiche che verranno presentate nei prossimi paragrafi, concernenti alcuni di questi villaggi, si intende ora ripercorrere le fasi salienti delle dinamiche che hanno portato alla creazione dell'attuale Parco W.

[5] La RBT W, a sua volta, è inserita all'interno di un complesso naturalistico, denominato WAPO dal nome delle aree protette che lo compongono e dai quattro bacini idrografici che le attraversano (Parco regionale W, Unità di Protezione e Conservazione Arly, Parco nazionale della Pendjari e Parco dell'Oti).

[6] Le ricerche geografiche condotte in quest'area sono molteplici. Si vedano tra tutte: Casti, 2006; 2013, pp. 148-160; Burini, 2006; 2007; 2012a e b; Ghisalberti, 2011; Turco, 2009; 2010.

Diverse territorializzazioni si sono succedute in corrispondenza dell'area protetta: oltre a quella delle comunità basiche (o native) africane, a quella dell'esplorazione europea, a quella della colonizzazione francese, e a quella statale della post-indipendenza è da aggiungere l'influenza esercitata da quella attuale relativa alla cooperazione ambientale che coinvolge i tre Stati, le organizzazioni internazionali (UE, Banca Mondiale, IUCN, UNESCO), il mondo associazionistico no-profit delle onlus e ONG africane ed estere ed infine le comunità locali.

In epoca precoloniale, l'area attualmente occupata dal Parco Regionale W e dalle sue periferie era ricompresa in quattro grandi entità politico-territoriali confinanti (il Gourma sud orientale, il Borgou, la parte meridionale dell'impero Songhai e la parte meridionale dello Zarmatarey), costituitesi in seguito a incursioni di gruppi guerrieri e schiavisti provenienti da altre regioni dell'Africa (dalla Nigeria, nel caso del Borgou, e dal Mali, nel caso dei regni Songhay, Zarmaterey e Gourma) (Benoit, 1999b)[7]. Il territorio dell'attuale area protetta corrispondeva dunque alla zona di frontiera tra questi quattro regni, che si caratterizzava per il fatto di essere un'area di passaggio dei guerrieri o di rifugio degli schiavi in fuga, motivo per cui essa fu ritenuta troppo pericolosa per potervi installare dei villaggi sino a diventare nel tempo un verò e proprio "no man's land". La vocazione di area disabitata fu altresì determinata da fattori sanitari, quali la presenza della tripanosomiasi e dell'oncocercosi soprattutto nelle valli dei corsi d'acqua Niger, Mékrou e Pendjari, che condusse le comunità locali ad evitare di inoltrarsi nelle terre interne al parco, in questo sollecitate anche dalla credenza, che in quell'area ci fosse la presenza di spiriti malevoli (Benoit, 1999b).

Assumendo il carattere ancora intatto dell'area appena descritta, in periodo coloniale i Francesi intervennero con opere di risanamento, attraverso interventi sanitari, volti a combattere la tripanosmiasi e l'oncocercosi, che favorirono lo spostamento di popolazione verso le aree attualmente occupate

[7] Tali strutture territoriali comprendevano al loro interno dei villaggi creati principalmente con scopi difensivi, caratterizzati da agglomerati posti su alture o circondati da corsi d'acqua, atti a far fronte alle razzie e alle incursioni nemiche, che si erano diffuse soprattutto a partire dal Sedicesimo secolo e si erano protratte sino all'epoca coloniale. Per un approfondimento sulla storia e sul popolamento delle aree occupate dal Parco si vedano le opere dello studioso francese Michel Benoit: *Statut et usages du sol en périphérie du Parc W du Niger*, IRD, Parigi, 1999a; *Peuplement, violence endémique et rémanence de l'espace sauvage en Afrique de l'Ouest: le no man's land du W du Niger*, ORSTOM, Niamey, 1999b. Per un approfondimento sull'importanza dei regni Songhay e Zarmatarey e sull'analisi delle vicende storiche che hanno coinvolto tali regioni in epoca coloniale, si veda: I. Kimba, *Guerres et sociétés*, Etudes Nigeriens n. 46, IRSH, Niamey, 1981.

dal parco (Burini, 2009)[8]. Nel 1926, però, per assicurare un maggiore controllo sulla popolazione e sulla raccolta delle imposte e per soddisfare le esigenze dettate dal governo metropolitano di creare delle riserve naturali, il governo coloniale francese istituì tre parchi: il Parco del cercle di Say (Haut Niger), quello di Fada (Alto Volta) e quello del Moyen Niger (Dahomey). Essi furono denominati "parchi di rifugio", termine che non intendeva rimandare più al rifugio delle popolazioni locali, quanto piuttosto a quello delle specie animali e vegetali che, da quel momento, vennero preservate da qualsiasi contatto con l'uomo. I villaggi sino ad allora presenti all'interno dell'area vennero distrutti, però non si riuscì ad arrestare la frequentazione temporanea del parco, per lo svolgimento di alcune attività produttive quali la pesca, la caccia e l'allevamento, nonché per la frequentazione di alcuni luoghi sacri. Nel 1956 tali aree assunsero lo statuto di Parco Nazionale, riunendo sotto un unico nome i tre parchi dei tre "cercles" coloniali francesi dell'AOF.

Dopo l'indipendenza, il parco è stato suddiviso tra i tre attuali paesi, Niger, Benin, Burkina Faso appunto, i cui governi hanno realizzato una gestione autonoma e sostanzialmente disinteressata alla conservazione dell'area protetta, la quale, di conseguenza, ha iniziato ad essere rifrequentata dai suoi abitanti, diventando un corridoio ambito per i pastori transumanti provenienti dal Mali e dalle aree settentrionali del Niger, nonché dagli agricoltori locali bisognosi di terre per la coltivazione del cotone. D'altra parte, durante gli anni Novanta, i governi burkinabé e beninese hanno approvato la costituzione di concessioni di caccia, lungo i confini del parco (la concessione di caccia della Kourtiagou e di Tapoadjerma in Burkina Faso, la zona cinegetica della Djona in Benin), con lo scopo di attirare un turismo proveniente soprattutto da Francia e Belgio, che hanno causato l'allontanamento delle popolazioni residenti in quei luoghi.

Dal 1999 fino al 2008, l'area protetta è stata gestita dal programma di cooperazione ECOPAS creato per coordinare i tre governi africani coinvolti, l'Unione Europea ed un consorzio di agenzie internazionali, che ha avanzato la richiesta all'UNESCO di promuovere il Parco facendolo diventare la

[8] Per un'analisi della politica coloniale francese di protezione ambientale in AOF, si vedano: P. Bellouard, *L'action forestière dans l'Ouest Africain*, Haut Comissariat Général, Dakar, 1959; G. Roure, *Notes sur la faune de chasse de l'AOF, sa protection et sa mise en valeur*, Inspection Générale des Eaux et Forêts, Dakar, 1952. A tali documenti, si aggiunga l'indagine geografica proposta in: L.M. Calandra, "Protection de la nature et colonialisme: l'expérience de l'Afrique Occidentale Française", in: V. Berdoulay, O. Souberain (a cura), *Milieu, colonisation et dévéloppement durable*, L'Harmattan, Parigi, 2000, pp. 139-153. Infine, per un'analisi specifica del contesto territoriale del Parco W, si veda: F. Burini, "La politique coloniale française dans le Cercle du Gourma: les Réserves d'Arly et les aires contiguës", in: E. Casti S. Yonkeu (a cura), *Le Parc National d'Arly et la falaise du Gobnangou*, L'Harmattan, Parigi, 2009, pp. 101-127.

prima riserva transfrontaliera della Biosfera in Africa Occidentale. Tale programma ha adottato un approccio integrato tra conservazione naturale e sviluppo delle popolazioni locali, prevedendo interventi sia nell'area del parco che nelle sue periferie, elaborando strategie di conservazione delle risorse nel rispetto dei principi dello sviluppo sostenibile e della partecipazione. Il ruolo delle popolazioni locali, infatti, è stato centrale nel lavoro del Programma. Al fine di attuare una governance ambientale, il programma ha promosso una serie di ricerche per costruire una conoscenza geografica quale supporto ai gestori e funzionari della protezione negli interventi di conservazione (Aladji-Boni *et al.*, 2011, pp. 270-296).

In tale prospettiva, la ricerca condotta dal Laboratorio *Diathesis* dell'Università di Bergamo, in collaborazione con team di ricercatori delle università dei tre paesi coinvolti, ha avuto l'obiettivo di meglio definire le caratteristiche delle aree periferiche, al cui interno il Programma doveva intervenire, e di proporre una zonazione quale strumento di piano applicativo (Casti, 2006). La ricerca ha indagato l'organizzazione territoriale delle comunità locali e ha elaborato una proposta di zonazione che rispettasse le indicazioni del Programma MAB dell'UNESCO[9] e, nello stesso tempo, la suddivisione territoriale tradizionale. Tale suddivisione, accolta nel *Plan d'Aménagement et de Gestion* (2006-2010), ha fornito indicazioni ai gestori del parco per applicare differenti strategie per la promozione di uno sviluppo sostenibile.

3.2. La riflessività nella ricerca di terreno e nella redazione del mapping di comunità

La ricerca di terreno condotta in tale contesto tra il 2001 e il 2005 è stata orientata alla raccolta di dati riguardanti il rapporto tra comunità locali e organizzazione territoriale nelle periferie della Riserva di Biosfera Transfrontaliera W. L'obiettivo è stato quello di realizzare un'indagine dell'organizzazione territoriale e dei meccanismi di gestione delle terre, mediante un'inchiesta di terreno. La ricerca ha previsto una ricognizione di tutti gli insediamenti presenti nelle periferie dell'area protetta, ma al contempo, un'analisi approfondita di una ventina di villaggi in cui l'osservazione e la raccolta di dati di terreno sono stati accompagnati dalla realizzazione di disegni partecipativi che hanno visto coinvolti i membri dei villaggi.

[9] Secondo il Programma MAB, le Riserve di Biosfera sono organizzate in tre zone correlate che assolvono funzioni diverse con attività complementari: si veda a tale proposito UNESCO, *Biosphere Reserves, special places for people and nature*, UNESCO, Parigi, 2002.

La riflessività si è mostrata centrale sin dall'inizio del processo di mappatura. La realizzazione del mapping di comunità, infatti, ha implicato scelte importanti relative alle persone da coinvolgere e alle modalità operative di redazione ma soprattutto nell'atteggiamento ricettivo dei ricercatori[10]. La riflessività prevede, come sottolinea Emanuela Casti, "il raggiungimento di obiettivi pratici agendo sul ricercatore, il quale si sofferma a guardare se stesso e le azioni che compie o ha compiuto, che disegnano la scena nella quale si trova ad agire" (Casti, 2013, cit. p. 289). Infatti, il grado di consapevolezza del ricercatore rispetto all'organizzazione del territorio che sta indagando e la scelta degli interlocutori privilegiati da coinvolgere nel processo di mappatura incidono profondamente sugli esiti del processo cartografico. A partire dalla qualità delle sue domande il disegno partecipativo e la narrazione ad esso legata assumerà forma più o meno significativa.

È chiaro che l'interprete cartografico è il primo elemento legato alla riflessività: nel caso che stiamo indagando, il ricercatore è uno dei cartografi del disegno partecipativo, dal momento che le sue richieste influenzano l'intero processo di costruzione del documento cartografico realizzato dagli abitanti del villaggio[11]. Il lavoro di terreno, e in particolare quello di stampo partecipativo, è un'esperienza non solo professionale ma anche esistenziale che solleva domande circa l'etica del proprio lavoro, implicando continue negoziazioni per creare relazioni rispettose e allo stesso tempo permettere alla ricerca di essere più rigorosa possibile (Burini, 2012b).

Gli altri co-attori del processo partecipativo sono i referenti dei diversi gruppi di villaggio (agricoltori, allevatori, pescatori, artigiani, giovani, donne, anziani, etc.), solitamente i più anziani. Essi partecipano alla stesura dei disegni cartografici, descrivendo oralmente il territorio e i luoghi più importanti per la loro attività e sono accompagnati da altri membri del gruppo, tra cui i più giovani abili nel riportare sul foglio i luoghi descritti nel corso

[10] Tali scelte sono state fatte dopo diversi giorni di permanenza nel villaggio, alla luce delle indagini e delle osservazioni precedentemente svolte e rivolte all'analisi dell'organizzazione sociale e all'uso delle risorse naturali.

[11] Il ruolo del ricercatore all'interno della pratica partecipativa pone diversi dilemmi rispetto al "sé", trovandosi a realizzare la ricerca in un Altrove rispetto al luogo da cui proviene e producendo una percezione che oscilla tra l'essere un *insider* e un *outsider* (Cosgrove, 1984; Mullings, 1999). Ambivalenze, disagi, tensioni e instabilità nelle posizioni soggettive vengono costantemente messe in gioco e rinegoziate durante la ricerca e nel processo partecipativo, portando a considerare in modo riflessivo la propria "posizionalità" (Alcoff, 1988; Nicholls, 2009). Per un'analisi di tale concetto nell'ambito della ricerca geografica, si veda: G. Rose, "Situating knowledges: positionality, reflexivities and other tactics", in: *Progress in Human Geography*, 1997, vol. 21 no. 3, pp. 305-320. Il concetto di posizionalità è strettamente legato a quello di riflessività ed è oggetto di studio anche in ambito cartografico. Si veda a tale proposito: R. Nicholls, "Research and Indigenous Participation: Critical Reflexive Methods", in: *International Journal of Social Research Methodology*, 2009, 12 (2), pp. 117-126.

della narrazione. Questo processo crea un rapporto di complicità tra anziani e giovani, che innesca un processo di trasmissione transgenerazionale della conoscenza territoriale: la narrazione dei più anziani viene ascoltata con grande interesse ed attenzione da parte dei giovani al fine di garantire la completezza delle informazioni cartografate. Si tratta dunque di un processo di costruzione collettiva e comunitaria, attestato dal sito in cui si realizza e dalla sua durata: la carta partecipativa è spesso eseguita sotto *l'arbre à palabre* nel luogo del villaggio in cui si tengono le assemblee comunitarie e la sua realizzazione può durare un giorno intero. Tale incontro è un vero e proprio momento di scambio collettivo anche sotto il profilo cartografico poiché la comunità locale decide ciò che verrà visualizzato sul foglio, in quale punto e in quale modalità grafica.

La riflessività subentra anche nel trasferimento delle informazioni durante la realizzazione dei disegni partecipativi. Essa non è attuata mediante rigide regole ma si esprime nell'attenzione dello scambio tra partecipanti e la visualizzazione delle informazioni. Infatti, i segni grafici non hanno alcuna rilevanza semantica senza la narrazione che li sottende e dunque il ricercatore deve considerarli anche in ragione della loro genesi e delle motivazioni legate al loro inserimento nella carta. Infatti, talvolta, è necessario introdurre nella rielaborazione digitale dei disegni partecipativi quegli elementi che emergono dalla narrazione originale e che non sono stati trascritti, come ad esempio alcuni designatori o elementi figurali che possono aiutare la comprensione del discorso. L'importanza data alla mappa partecipativa è legata alla sua capacità di mostrare le conoscenze tradizionali che le comunità locali hanno creato intorno all'uso delle risorse. Tale conoscenza è espressa dall'icona (composta dal nome accompagnato da altri segni: colori, figure,...). L'icona è un elemento strategico poiché veicola il significato del designatore e ne evidenzia alcuni aspetti inerenti la storia e la cultura locale. Pertanto, se sul piano denotativo l'icona produce informazioni sulla spazialità (morfologia, idrografia, suolo, vegetazione) e ricopre un ruolo descrittivo, a livello connotativo, essa trasmette i valori legati all'organizzazione territoriale tradizionale, comunicando lo statuto del diritto fondiario basato sulla trasmissione gerontocratica del potere (Casti, 2009, p. 20). La trasmissione dell'icona dunque rimanda all'autorità sulla terra, agli attori coinvolti, alle attività che vi sono praticate e dunque ai valori simbolici e performativi nonché ai saperi tradizionali.

I disegni partecipativi non seguono un impianto euclideo che si esprime attraverso il rispetto analogico della distanza; piuttosto, come vedremo negli esempi proposti nei prossimi paragrafi, seguono una metrica topologica che richiama il valore sociale dei fenomeni rappresentati.

3.3. La rappresentazione del paesaggio e dei saperi simbolici e performativi a Kondio (Burkina Faso)

I disegni partecipativi realizzati nel villaggio di Kondio, situato nelle periferie della RBT W in contesto burkinabé (Fig. 8), hanno subito una prima elaborazione digitale durante la ricerca finalizzata a mostrare l'organizzazione del territorio (www.multimap-parcw.org).

Ora, alla luce della progressione teorica avvenuta nel frattempo (Casti, 2013), siamo in grado di prospettarne un'elaborazione in grado di farne emergere i saperi legati alla rappresentazione del paesaggio. Prioritariamente, tuttavia, è necessario inquadrare il concetto di paesaggio nel contesto territoriale che si sta considerando, ossia quello di Kondio.

Fig. 8 – Localizzazione del villaggio di Kondio (Burkina Faso)

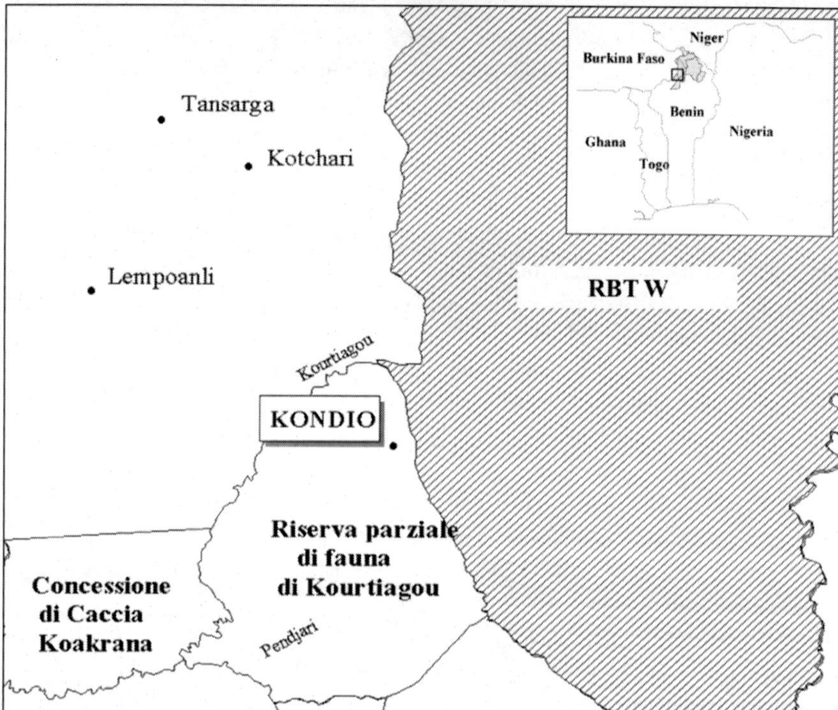

Va premesso che il villaggio di Kondio, situato nel dipartimento di Tansarga in Burkina Faso, è un enclave all'interno della Riserva parziale di Fauna di Kourtiagou ed il suo territorio confina con la RBT W. Dall'esperienza condotta nel villaggio durante la ricerca di terreno, è emerso che presso la popolazione gourmantché, l'agire territoriale non è facilmente percepibile nell'esibizione di una materialità costruita, quanto piuttosto nell'investimento simbolico cui è stato sottoposto lo spazio naturale: ogni designatore riferito agli elementi e alle risorse esprime un sistema cognitivo che ne fa un'espressione culturale altamente simbolica[12]. La cultura degli abitanti del villaggio di Kondio non può essere definita, in senso stretto, paesistica, dal momento che la lingua gourmantché non possiede il termine paesaggio[13]. Tuttavia, il significato sociale del paesaggio può essere recuperato facendo riferimento al modo attraverso cui il territorio, frutto del conferimento di saperi e competenze tradizionali allo spazio naturale, viene rappresentato o narrato dai suoi abitanti. La comunità gourmantché, infatti, agisce sulla natura nel rispetto di una prospettiva cosmogonica che si esprime attraverso la ragione mitica: il rapporto uomo-natura è regolato dal mito e il territorio è organizzato in base ad esso (Casti, 2009). Così, seppure presso la popolazione di Kondio il paesaggio non esista come espressione verbale, esso esiste come concetto: è l'espressione visiva di ciò che la divinità ha permesso di trasformare, dimostrando la sua benevolenza. Il paesaggio allora non esprime solo le forme degli artefatti o della sistemazione dei campi e la presenza del bosco sacro ma la sua lettura rimanda al territorio e all'imprescindibile patto assunto con la divinità.

A questo punto c'è da chiedersi se la carta partecipativa può esprimere tutto questo denso impianto valoriale. Va da sé che la risposta è negativa perché la selezione che quest'ultima richiede – come ogni altra rappresentazione cartografica – necessariamente intacca la complessità di tale impianto valoriale. Può tuttavia farne allusione mostrando che gli elementi paesistici sono in grado di ordinarla comunicativamente. Di conseguenza, le icone da

[12] Nel primo capitolo del volume *Le Parc National d'Arly et la falaise du Gobnangou (Burkina Faso)* Emanuela Casti illustra il ruolo della falesia del Gobnangou seguendo le indicazioni di Eugenio Turri sul ruolo comunicativo del paesaggio. Infatti, Eugenio Turri definisce gli econemi come un'unità elementare di percezione, un riferimento visivo di forte carica semantica del rapporto culturale che una società stabilisce con il proprio territorio. Si veda a tale proposito: E. Turri, *Semiologia del paesaggio italiano*, Longanesi, Milano, 1990; Id., *Il paesaggio come teatro. Dal territorio vissuto al paesaggio rappresentato*, Marsilio, Venezia, 1998. Il Gobnangou è riconosciuto quale iconema paesistico che, presso la comunità gourmantché delle periferie del Parco Nazionale dell'Arly, diventa dispositivo ordinativo dell'organizzazione territoriale. Il recupero di tale elemento della spazialità gourmantché dimostra come il paesaggio possa divenire unità di pianificazione di un'area protetta, nel rispetto dei valori identitari e dei saperi tradizionali della comunità locale. Si veda a tale proposito: Casti, 2009, pp. 21-68.

[13] Si veda a tale proposito: R.P. Chazal, *Dictionnaire français-gourma*, Institut Français d'Afrique Noire, Porto Novo, Etudes dahoméennes, 1951.

utilizzare nella carta devono essere in grado di prospettare una gerarchia d'importanza e la teoria semiotica mostra la pista da seguire[14].

Per applicare tale teoria, a posteriori, presso la popolazione gourmantché di Kondio, è necessario interpretare i disegni partecipativi realizzati allora e riconoscere negli elementi rilevanti registrati l'identificazione degli iconemi. Infatti, una volta che questi elementi del paesaggio, che permettono di dare ordine e interpretarlo, sono stati trascritti sulla carta, è stato possibile mettere in evidenza il significato sociale che essi possiedono per gli abitanti in relazione all'attenzione che essi suscitano per la loro conservazione. A partire da un racconto molto animato e articolato degli abitanti del villaggio, è stato prodotto un disegno partecipativo sul quale oggi si presenta una sperimentazione di mapping corografico di conoscenza.

3.3.1. Mapping corografico di comunità e rappresentazione del paesaggio

La traduzione degli iconemi in icone cartografiche, come specifica Emanuela Casti, è facilitata se si assume il concetto di *médiance,* elaborato da Augustine Berque e definito dallo stesso autore "*la complessa rappresentazione, nello stesso tempo oggettiva e soggettiva, fisica e fenomenologica, ecologica e simbolica*" in grado di recuperare sia le istanze scientifiche che quelle artistiche attribuite al paesaggio (Berque, 2000, cit. p. 32)[15].

La trasposizione grafica degli iconemi avverrà assumendo il loro ruolo ordinativo e la possibilità di restituire il senso del paesaggio nella sua totalità. Per questo motivo, la carta sarà contrassegnata da icone che sottolineino la

[14] Il senso di una tale operazione, che tenta il recupero del paesaggio, è da ricondurre, sia, come abbiamo visto, al ruolo che esso assume nella trasmissione dei valori sociali e culturali di una comunità, sia alla rilevanza assunta da tale concetto a livello internazionale, quale paradigma in grado di valorizzare i beni ambientali assicurando il perseguimento di azioni di sviluppo sostenibile. Inoltre, il recupero del paesaggio serve a rispondere, da un lato, alle esigenze a scala regionale e globale, proteggendo le risorse naturali e culturali che contribuiscono a creare il cosiddetto patrimonio di uno stato o addirittura dell'umanità e dall'altro, di tener conto delle istanze locali, preservando siti e luoghi in cui ogni comunità riconosce e ritrova i propri valori identitari (UNESCO, 1972; Consiglio d'Europa, 2000). Per un'analisi del paesaggio come categoria analitica in grado di svelare l'Altrove e dei sistemi semiotici (paesaggistici, cartografici, letterari) che indagano il processo comunicativo mediante il quale si costruisce il discorso identitario a partire dal paesaggio, si veda: E. Casti (a cura), *Alla ricerca del paesaggio nelle rappresentazioni dell'altrove*, L'Harmattan Italia, Torino, 2009.

[15] Emanuela Casti infatti riprende Berque, definendo l'impianto teorico per la trasposizione grafica della *médiance*. Si veda a tal proposito: E. Casti, *Cartografia critica. Dal* topos *alla* chora, Guerini, Milano, 2013, p. 197; A. Berque, *Médiance des milieux en paysages*, Belin, Parigi, 2000, p. 32.

sua rilevanza comunicativa (archetipo) distinguendo quelle rivolte a rappresentare altri elementi meno rilevanti (cliché). La gerarchia così prodotta rispecchierà la narrazione paesistica prodotta dalle comunità che narra il proprio territorio (Casti, 2013, pp. 227-231). A quest'ultimo proposito va rimarcato che tale narrazione non è stata univoca ma cangiante a seconda del gruppo chiamato a rispondere. Infatti, in base all'attore-disegnatore, ossia in funzione del ruolo e dell'attività che svolgeva all'interno del villaggio, sono stati evidenziati iconemi diversi, frutto dei saperi che ciascun gruppo possiede rispetto all'uso delle risorse: a titolo di esempio gli anziani notabili del villaggio sono interessati a restituire gli iconemi riferiti alle risorse naturali aventi una valenza simbolico-sacrale che hanno consentito la fondazione del villaggio e degli insediamenti ad esso dipendenti, trasferendo così dei saperi simbolici e giurisdizionali, mentre i membri delle associazioni di villaggio evidenziano gli iconemi legati alle proprie attività produttive, come nel caso degli agricoltori, che mostrano l'attuale distribuzione degli insediamenti agricoli e dunque esprimono i propri saperi funzionali.

Tali rappresentazioni, che costruiscono tanti paesaggi riconducibili tuttavia allo stesso impianto cosmogonico sopra richiamato, sono fatte confluire nei sistemi cartografici partecipativi digitalizzando le informazioni ricavate dai disegni partecipativi integrandole con la bibliografia esistente e con le conoscenze e riflessioni raccolte dagli abitanti mediante le indagini di terreno[16].

È evidente, a questo punto, che la rappresentazione del paesaggio mediante i sistemi cartografici partecipativi richiede l'adozione da parte del ricercatore di un approccio che sappia contrapporre alla cartografia topografica un mapping basato su logiche topologiche, in grado di restituire non solamente gli aspetti materiali e tangibili, ma altresì quelli simbolici e immateriali del paesaggio (Casti, 2004, 2009). Dal momento che l'obiettivo è quello di realizzare una corografia che tenga conto sia degli aspetti referenziali e descrittivi del paesaggio che dei valori identitari delle comunità locali, è necessario scegliere una codificazione in grado di rendere in modo appropriato tale differenziazione.

[16] Un approccio riflessivo nella realizzazione delle indagini di terreno in Africa subsahariana è stato proposto da Gilles Sautter e Paul Pélissier nell'*Atlas des structures agraires au Sud du Sahara*, un ambizioso progetto di ricerca condotto dai geografi dell'ORSTOM (Office pour la Recherche Scientifique et Technique d'Outre-Mer). L'Atlas presenta due presupposti: i) che la conoscenza dei sistemi agrari africani debba essere attuata per mezzo di ricerche a carattere monografico su piccole aree, definite terroir; ii) la ricerca deve essere espressa attraverso la realizzazione di una cartografia dell'area esaminata, affiancata da un testo di supporto. A partire da tali principi, dal 1967 al 1987sono stati pubblicati 22 volumi nella collana *Atlas des structures agraires au Sud du Sahara*.

3.3.2. Disegni cartografici partecipativi a Kondio: il paesaggio

I due disegni partecipativi che vengono di seguito analizzati sono stati realizzati alternativamente da un gruppo dei notabili e da quello degli agricoltori del villaggio di Kondio. In entrambi i casi, il ruolo di narratore è stato attribuito al più anziano del gruppo per descrivere i luoghi frequentati per le pratiche simboliche o produttive praticate; quello di disegnare le informazioni è stato assegnato ai giovani più abili nel restituire sulla carta tali saperi (Burini, 2007, 2010)[17].

I documenti presentano due diversi punti di vista dello stesso territorio che vale la pena di anticipare per facilitarne la comprensione (Fig. 9): il primo mostra alcuni aspetti paesistici di alto valore simbolico per la storia e la tradizione del villaggio essendo redatta dai discendenti dal lignaggio fondatore (*codjati*) che possiedono una conoscenza delle terre risalente all'epoca della fondazione e sono in grado di illustrare i luoghi investiti di pregnanza simbolica; il secondo mostra aspetti legati alle logiche introdotte da attori esterni attestando una riduzione dell'importanza della tradizione e denunciando la riduzione delle terre coltivabili in conseguenza della creazione delle aree protette.

Il disegno partecipativo dei notabili: la sacralità del paesaggio e il funzionamento del territorio

Il disegno redatto dai notabili (Fig. 10) ha l'obiettivo di mostrare i luoghi in cui è stato legittimato l'atto insediativo mediante icone cartografiche che rendono la complessità dei saperi simbolici e la sacralità del paesaggio. Inoltre, tale ambito sacrale si declina nell'articolazione dei saperi performativi rivolti alle attività praticate sul territorio.

Tale obiettivo viene perseguito sia mediante la rappresentazione di risorse naturali, che di quelle culturali.

Per quanto concerne le prime, i notabili si soffermano sulla vegetazione, sulla pedologia, sulla fauna e sull'idrografia, organizzando la narrazione da cui dipende la rappresentazione.

[17] Per un approfondimento sull'analisi di diagnostica territoriale condotta presso il villaggio di Kondio e sul processo di redazione dei disegni cartografici partecipativi, mi permetto di rinviare ai miei: F. Burini, "La sémiosis cartographique dans les cartes participatives: le village de Kondio (Burkina Faso)", in: M. Costantini (a cura), *L'Afrique, le sens. Représentations, configurations, défigurations,* L'Harmattan, Parigi, 2007, pp. 107-134; Idem, "Paesaggio e sistemi cartografici partecipativi: la rappresentazione del significato sociale del villaggio in Africa Subsahariana", in: C. Cerreti, L. Federzoni, S. Salgaro (a cura), *Cartografia di paesaggi, paesaggi nella cartografia*, Pàtron, Bologna, 2010, pp. 277-288.

Fig. 9 – Confronto dei disegni partecipativi realizzati a Kondio nella restituzione del paesaggio

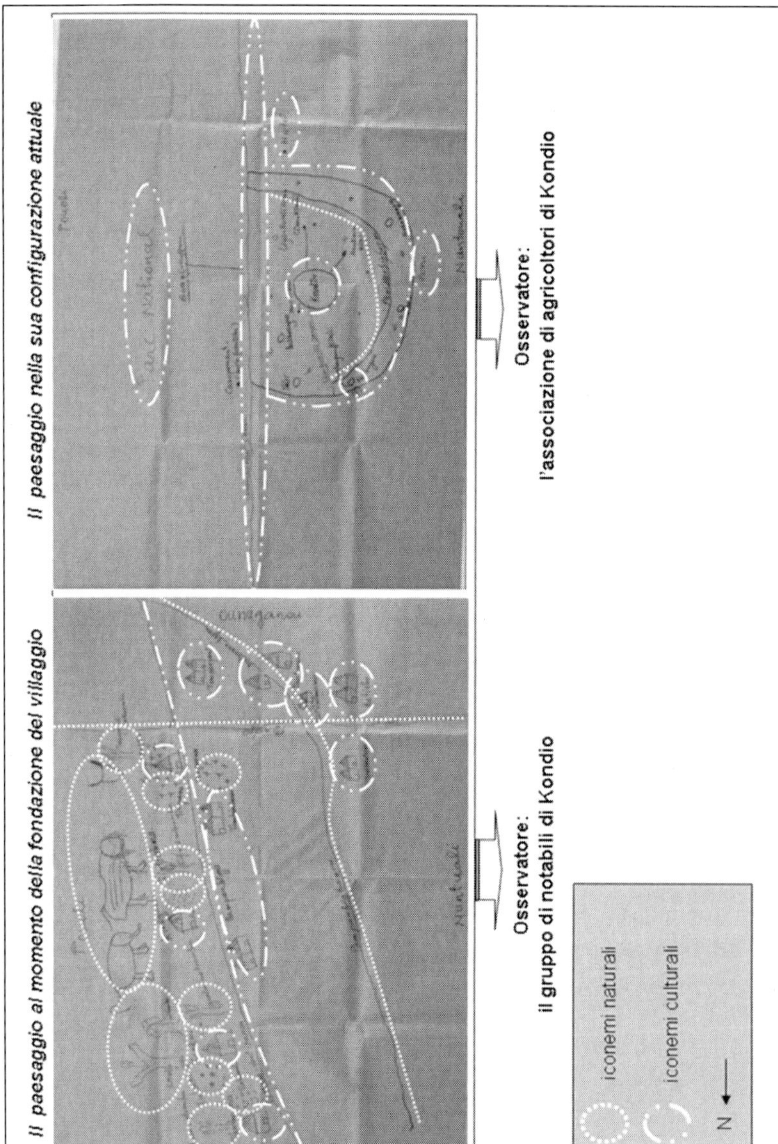

Fig. 10 – Disegno partecipativo del villaggio di Kondio realizzato dal gruppo dei notabili (le icone sono state evidenziate dall'A. per facilitarne la lettura)

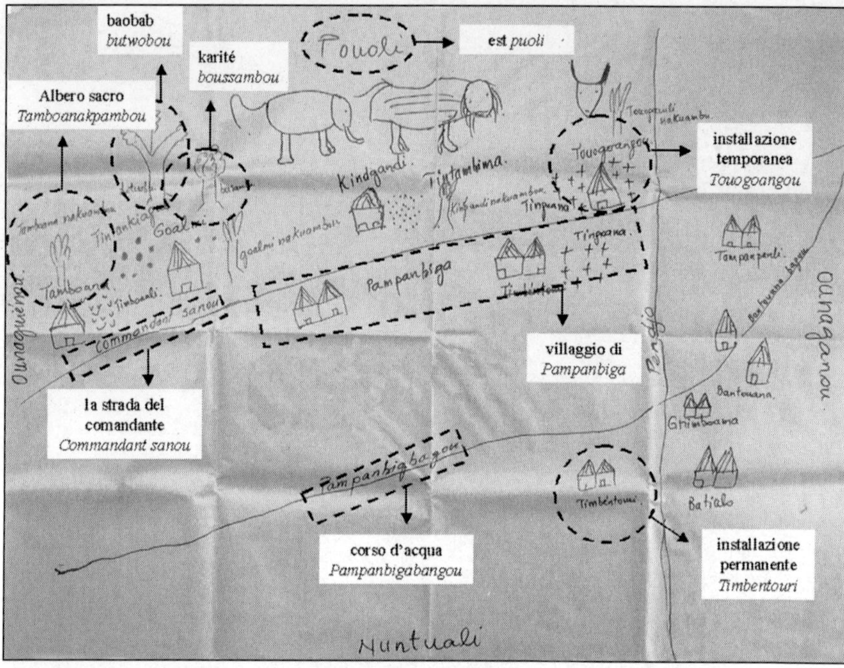

Per quanto concerne le seconde, esse riguardano gli insediamenti e il loro statuto nell'organizzazione territoriale tradizionale. I notabili sottolineano la loro stretta correlazione, mostrando l'intreccio dei saperi simbolici, riferiti alla fondazione del villaggio e al trasferimento dei valori sacrali sulla natura, con quelli performativi di tipo funzionale, legati alle attività produttive, e di tipo giurisdizionale, che ordinano l'organizzazione territoriale del villaggio.

Il valore simbolico delle risorse vegetali viene sottolineato mediante la rappresentazione dei baobab sacri, icone archetipiche nella restituzione dei valori mitici del paesaggio, dal momento che attestano il primo patto tra uomo e la divinità, fonte di legittimazione dell'azione umana sulle risorse, nel nome di un ordine cosmologico antico da cui ne dipende l'uso. L'icona *kpambu*, che indica il baobab sacro, presso l'etnia gourmantché diventa simbolo del rapporto tra l'uomo e gli spiriti del luogo, la cui intercessione è indispensabile per qualsiasi azione territoriale. Per accentuare tale valenza, i luoghi sacri sono resi attraverso le figure di alberi accompagnate dai designatori (Tamboanakpambu, Goalminakpambu, Kindgandikpambu, Tingoanakpambu).

Accanto a tali icone, gli anziani inseriscono quella degli insediamenti temporanei (*hameau* agricoli), composta dalla figura di una capanna in paglia e dal rispettivo designatore *Kindgandi*, *Goalmi*, *Tamboana*, *Touogoangou*.

Proprio per sottolineare il contenuto valoriale di queste icone, gli anziani rimarcano che ogni anno la comunità si recava agli alberi sacri, prima dell'inizio di qualsiasi attività agricola, per realizzarvi i rituali propiziatori di una stagione agricola produttiva.

Dopo aver mostrato, attraverso le icone cartografiche riferite ai luoghi sacri, il rapporto di benevolenza instaurato tra l'uomo e la natura, avente lo scopo di garantire e di legittimare l'attuazione delle pratiche territoriali, i notabili mostrano una seconda serie di icone riferite ai saperi funzionali, legati alle attività produttive. In corrispondenza degli alberi sacri, viene inserita l'icona di un'area importante per la raccolta, dove sono presenti karité (*bussambu*) e baobab (*bu tuobu*)[18]. Inoltre, vengono introdotte le icone riferite alla composizione dei suoli: *timbwoanli* (tinga = suolo; bwoanli = nero), *tintankiagui* (tinga = suolo; tankiagui = pietre), *tintanbima* (tinga = suolo; tambima = sabbioso) e *tingboanga* (tinga = suolo; boanga = nero) che attestano la competenza che gli anziani possiedono rispetto alla produttività delle terre del villaggio. È chiara dunque la commistione tra saperi simbolici e saperi performativi funzionali nella denominazione degli insediamenti agricoli.

Oltre all'importanza della pedologia, presso la comunità gourmantché, si sottolinea, quella del rapporto con la fauna e il suo ruolo totemico per ciascun lignaggio: il leone, l'elefante, l'antilope. Più precisamente, è proprio attraverso tali icone che la carta è in grado di comunicare l'importanza dei saperi performativi securitari, per la preservazione delle risorse naturali: la sacralità degli animali assicura la tutela delle diverse specie.

Infine, gli anziani mostrano il reticolo idrografico, mediante le icone riferite ai due corsi d'acqua, composte dal designatore e da una linea. È proprio il designatore che li diversifica: Pampanbigabangu con una portata stagionale ed il fiume permanente Pendjo. Tali icone specificano il carattere temporaneo e permanente della risorsa idrica rimarcando, grazie al racconto degli anziani, la loro importanza nel processo fondativo e insediativo del villaggio espresso mediante i saperi giurisdizionali.

Infatti, l'organizzazione dell'insediamento al tempo della fondazione prevedeva un *réseau*[19] composto: dal villaggio-madre Pampanbiga (dal nome

[18] Le foglie e le noci del primo, nonché i frutti e le foglie del secondo costituiscono ancora oggi i condimenti utilizzati quotidianamente dalla popolazione del villaggio.

[19] Il *réseau* tradizionale è inteso quale insieme di villaggi strutturati politicamente e sottoposti all'autorità del capo del villaggio-madre, da cui hanno origine. Per un approfondimento sull'organizzazione territoriale tradizionale presso i Gourmantché si veda: O. Lompo, *Burkina Faso. Pour une nouvelle planification territoriale et environnementale*, L'Harmattan, Parigi, 2011, spec. Cap. 3, pp. 103-143. Olivier Lompo ha fatto parte del team interuniversitario della ricerca di terreno condotta nel villaggio di Kondio ed il suo contributo ha permesso di giungere ai risultati illustrati in questo paragrafo.

del corso d'acqua temporaneo sopra citato che scorreva nei suoi pressi), rappresentato mediante la figura di quattro capanne; da quattro villaggi gemmati da Pambanbiga e che ne dipendono, situati verso sud lungo il fiume Pendjo (Timbentouri, Bantouana, Grimbouana e Batialo), rappresentati mediante icone composte da una doppia capanna accompagnata dal designatore; infine, da quattro *hameau* agricoli stagionali le cui icone sono composte dalla figura di una capanna in paglia e dal rispettivo designatore (Kindgandi, Goalmi, Tamboana, Touogoangou). La sintassi cartografica permette di creare una relazione tra le diverse strutture insediative in un rapporto gerarchico: il villaggio-madre rappresentato da quattro capanne, gli insediamenti permanenti da due e gli *hameau* temporanei, rappresentati da una sola, stabilendo un loro maggiore o minore popolamento ma soprattutto il loro ruolo gerarchico all'interno della normazione tradizionale del villaggio.

La carta dei notabili dunque mostra gli elementi territoriali di alto valore simbolico per la storia della comunità per il rapporto sacrale che ha legittimato la fondazione del villaggio. Tali icone sono altresì legate inscindibilmente a saperi performativi di tipo funzionale, giurisdizionale e securitario, prospettando un territorio articolato e ricco di profondi valori che legano la comunità alla natura. Tuttavia l'aspetto più rilevante che emerge da tale disegno è la profonda relazione tra villaggio e foresta venuta meno in seguito alla creazione del parco.

Il disegno partecipativo degli agricoltori e la restituzione di una territorialità eterocentrata

La rappresentazione fornita dall'associazione degli agricoltori (Fig. 11) si allontana dalla dimensione sacrale e mostra i saperi performativi giurisdizionali dell'attuale organizzazione del territorio che tiene conto delle interdizioni imposte dal Parco. Gli aspetti che vengono messi in rilievo sono la riduzione del *terroir,* vale a dire l'area sui cui si estende il diritto d'uso tradizionale del villaggio, a seguito degli interventi legati alla creazione e gestione del parco: il villaggio a est è inglobato nella RTB W e nella Riserva Parziale di Fauna di Kourtiagou, istituita posteriormente, in epoca post-coloniale.

Il disegno mostra l'icona della pista *Commandantsanou*[20] (indicata da una linea che costeggia il Parco) che diventa la chiave di lettura per attestare i cambiamenti avvenuti. Essa infatti, risultato dell'opera coloniale di costruzione delle infrastrutture viarie, permetteva di collegare due territori coloniali francesi: il sud della Haute Volta (Burkina Faso) con il nord del Dahomey (Benin).

[20] Il designatore, che riunisce in sé le due lingue francese e gourmantché, significa "il sentiero del comandante" (*sanou* = sentiero) e sta ad indicare la strada praticata dalle autorità coloniali per raggiungere il nord del Benin.

Fig. 11 – Disegno partecipativo realizzato dall'associazione degli agricoltori del villaggio di Kondio (le icone sono state evidenziate dall'A. per facilitarne la lettura)

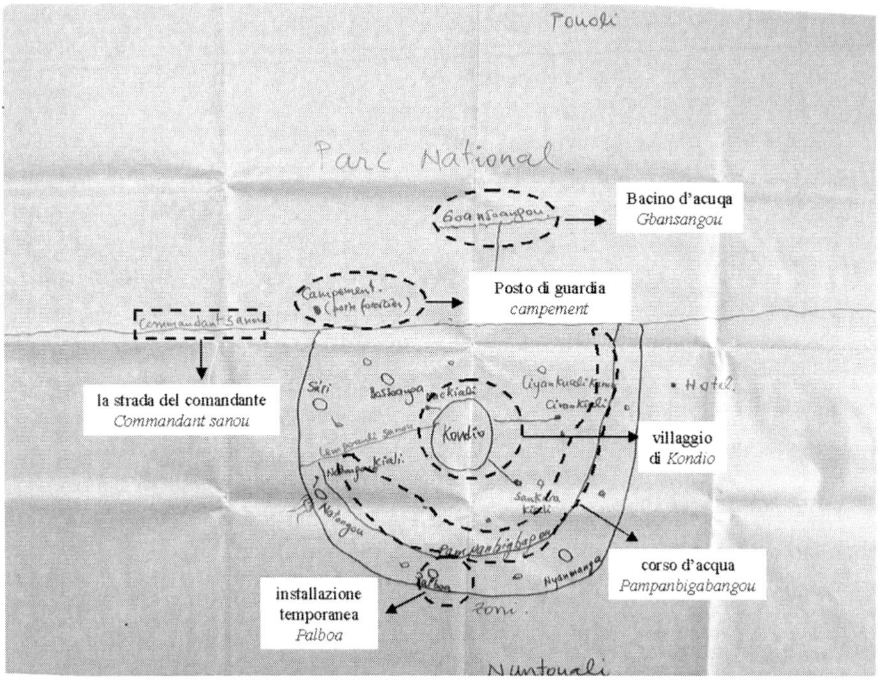

Tale pista è stata assunta in epoca coloniale come linea di demarcazione del Parco W, ridefinendo completamente l'estensione del *terroir* di Pampanbiga, che viene ridenominato "Kondio" dai coloni francesi, dalla storpiatura del nome del fiume permanente Pendjo. La definizione della pista e del confine del Parco W provocano la suddivisione del *terroir* del villaggio in due aree: quella ad ovest rispetto alla strada diventa il nuovo sito del villaggio, mentre quella ad est viene inglobata nel parco vietando all'accesso degli abitanti. Il disegno mostra solamente una risorsa naturale, il corso d'acqua Pampanbigabangu, attorno al quale ruota la nuova organizzazione del villaggio, escludendo il fiume Pendjo, non più accessibile dopo la creazione del Parco e delle altre riserve attigue.

La nuova area di insediamento, situata ad ovest della strada, viene indicata da una linea che segna il confine con la Riserva di caccia di Kourtiagou (*Zoni*), di cui il villaggio è un'enclave. Quest'ultima è resa graficamente grazie alla rappresentazione di un semicerchio, all'interno del quale vengono inserite: l'icona del nuovo villaggio, composta dal designatore Kondio (attribuito dai coloni che lo hanno dislocato al momento della creazione del

Parco) e da un piccolo cerchio; il corso d'acqua Pampanbigabangu, reso mediante una linea curva; gli insediamenti temporanei, rappresentati attraverso cerchi molto piccoli. Scompare la rappresentazione dei villaggi dipendenti dal villaggio-madre, mostrando non solamente la riduzione dell'area del *terroir*, ma la rottura dei legami gerarchici del *réseau* tradizionale.

Per quanto riguarda la seconda area posta ad est rispetto alla strada, essa è rappresentata dal solo designatore in lingua francese "Parc National" e da un'icona formata dal designatore Gbansangou, accompagnato da una linea, che indica un piccolo bacino d'acqua temporaneo frequentato dagli abitanti di Kondio dopo la creazione del parco, per svolgere i propri rituali propiziatori. Tale pratica si è resa necessaria in seguito al divieto per la comunità locale di frequentare i luoghi sacri mostrati nel disegno precedente. Questi ultimi ora non compaiono più, visto il cambiamento radicale imposto dalla nuova configurazione territoriale che non ha tenuto conto della profonda relazione esistente tra bosco sacro e villaggio[21].

Al di fuori dell'enclave del villaggio viene registrato il cambiamento conseguente all'introduzione della nuova logica conservativa: tre icone richiamano le nuove costruzioni: la struttura che accoglie i cacciatori (*hotel*), il posto di guardia forestale (*campement*), e i pozzi costruiti dallo Stato, rappresentati da piccoli cerchi privi di designatore, per compensare il divieto di accesso, imposto dalle nuove disposizioni legislative, alle pozze d'acqua interne al parco.

Il documento appena analizzato, dunque, aiuta a descrivere un paesaggio che non richiama la sacralità quanto piuttosto una nuova configurazione territoriale del villaggio che da uno statuto tradizionale è investito da una logica ambientale eterocentrata che non rispetta i valori e i saperi delle comunità locali. Tale considerazione è cruciale nell'ottica di una governance ambientale che promuove concetti quali sostenibilità e partecipazione la cui realizzazione dipende esclusivamente dalla loro traduzione operativa. Vediamo dunque, come sia possibile seguire tale prospettiva.

3.3.3. I sistemi cartografici partecipativi del villaggio di Kondio: dalla conoscenza del territorio alla resa del paesaggio

Nel trasferimento delle informazioni provenienti dalla diagnostica territoriale (osservazione, inchiesta, processo e disegni partecipativi) all'interno dei sistemi cartografici digitali, ci si scontra con problemi concernenti la loro restituzione. Tali problemi derivano dalla necessità di includere, oltre agli

[21] Sull'interpretazione del significato del bosco sacro all'interno delle comunità tradizionali dell'Africa subsahariana, si veda: A. Turco, *Terra eburnea. Il mito, il luogo, la storia in Africa*, Unicopli, Milano, 1999, pp. 122-165.

aspetti sociali che abbiamo analizzato, anche i risultati comunicativi del disegno[22]. Si tratta dell'impegno del ricercatore di soffermarsi sugli esiti messi in risalto dalla teoria semiotica inerenti il linguaggio, ovvero le modalità grafiche da utilizzare nella restituzione.

L'obiettivo è di rendere, in tale rappresentazione, il senso del territorio trasmesso da coloro che usano e sfruttano da tempo le risorse dei luoghi rappresentati, evitando in tal modo la loro esclusione dall'arena decisionale. Quest'ultima è composta da differenti attori implicati nell'azione di pianificazione che, nel nostro caso, sono: i membri del progetto ECOPAS; gli abitanti dei villaggi che attraverso le loro pratiche territoriali realizzano o meno la conservazione nelle periferie della RBT W; i funzionari statali e le istituzioni che a vario titolo intervengono nella presa di decisione sui territori coinvolti nel progetto.

Al fine di produrre una rappresentazione del territorio che sia comprensibile da tutti e venga assunta come base di negoziazione per la gestione delle risorse, è necessario, come prospettato dalla semiosi cartografica, mobilitare le informazioni referenziali e prettamente topografiche – i confini delle aree protette, i corsi d'acqua, le strade… – con quelle provenienti dalla cartografia partecipativa, che rispecchiano l'organizzazione territoriale e gli aspetti identitari del territorio. L'aspetto innovativo di tale corografia è quello di rappresentare su un impianto topografico, assunto generalmente come autorevole, informazioni legate agli aspetti sociali dei luoghi e ai valori simbolici che rimandano all'organizzazione delle comunità locali.

Bisogna ribadire, tuttavia, che il tentativo da parte dei ricercatori di restituire i saperi che legano le comunità locali al loro territorio, fallisce nel momento in cui essi si rivolgono alla carta partecipativa cogliendone i soli aspetti descrittivi, senza tener conto delle potenzialità comunicative di tale sistema di rappresentazione. Questa tendenza, come abbiamo visto piuttosto diffusa, porta a produrre delle rappresentazioni digitalizzate che attestano il depotenziamento della carta nei suoi esiti comunicativi e lo svilimento del territorio quale costruzione sociale in grado di rimandare ai valori profondi.

L'applicazione delle indicazioni provenienti dalla semiosi cartografica diventa strategico in questa fase, poiché suggerisce, in considerazione dei meccanismi semantici, sintattici e pragmatici attivati dall'icona, di trasferire nel documento informatizzato le icone ritenute importanti nella comunicazione delle popolazioni basiche africane mediante figure gerarchizzate.

[22] Dal punto di vista tecnico, è possibile trasferire in formato digitale le rappresentazioni realizzate dalle popolazioni basiche, attraverso diversi sistemi tra i quali quelli di grafica computerizzata e i GIS. Entrambi i sistemi permettono di realizzare quella che poi diventerà la cartografia del progetto, vale a dire quella cartografia sulla quale verranno prese decisioni in merito alla gestione del territorio.

Nel caso del villaggio di Kondio, tale restituzione è stata realizzata mediante prodotti costruiti in due periodi temporali successivi – il primo nel 2004, il secondo nel 2014 – che si sono avvalsi di risultati teorici che venivano elaborati in contemporanea (Casti, 1998a; 2013). Vengono qui tutti presentati poiché la loro comparazione permette di mostrare come la conoscenza teorica incide sull'elaborazione digitale ed evidenzia la sua importanza nella costruzione della carta partecipata.

1° fase - Il mapping di conoscenza del territorio

La prima elaborazione era rivolta esclusivamente a tradurre i dati raccolti mediante i disegni partecipativi senza perdere gli aspetti connotativi del territorio, non tenendo conto tuttavia degli esiti autoreferenziali cartografici. Si è proceduto dunque a produrre una cartografia a diverse scale, che mostrasse ciò che puntualmente era emerso durante la redazione dei disegni cartografici partecipativi con i notabili e con l'associazione degli agricoltori.

La semiosi cartografica suggeriva il ricorso ad un codice figurativo analogico replicando quello dei disegni partecipativi. Il ricorso al modello analogico permette, infatti, di ottenere una rappresentazione che non ha bisogno di una legenda ma riproduce gli oggetti così come si presentano nella realtà.

La figura 12, composta da due rappresentazioni (A e B) mostra la traduzione digitale dei due disegni dove si utilizzano icone analogiche e si prospetta la loro spazializzazione. Tecnicamente si è proceduto riportando, in un primo momento, le informazioni lineari (confini delle aree protette, strade, corsi d'acqua), quali linee di riferimento, facendo seguire il trasferimento delle altre icone rispettando i surrogati figurali e trasferendo con precisione i loro designatori in lingua gourmantché.

Le carte digitali sintetizzano le informazioni presenti nei due disegni ma le reinterpretano sottolineandone la loro sequenza diacronica (la situazione del passato e quella attuale) per evidenziare le sopraffazioni cui il villaggio è stato sottoposto dalle politiche ambientali che non hanno tenuto conto della sua organizzazione tradizionale. Per tale trasposizione è stato necessario ricorrere anche alle altre informazioni territoriali raccolte durante le varie fasi della diagnostica territoriale (osservazione, inchiesta, processo partecipativo) per costruire un discorso da sottoporre a tutti gli attori implicati nella protezione ambientale.

Inoltre, per rendere più efficace tale messaggio, nelle elaborazioni digitali sono stati introdotti il colore, la legenda, e una differente scala di rappresentazione (riguardante il territorio e il villaggio). Tali introduzioni hanno avuto l'obiettivo di mostrare come Kondio sia stato ridotto a una enclave, circondata dalla riserva e dal parco, e di sottolineare che l'interdizione a entrare nel parco confligge con la presenza di luoghi ritenuti sacri dalla popolazione di villaggio.

Fig. 12 – Rielaborazione digitale della carta del terroir *di Kondio (A) e della pianta del villaggio (B)*

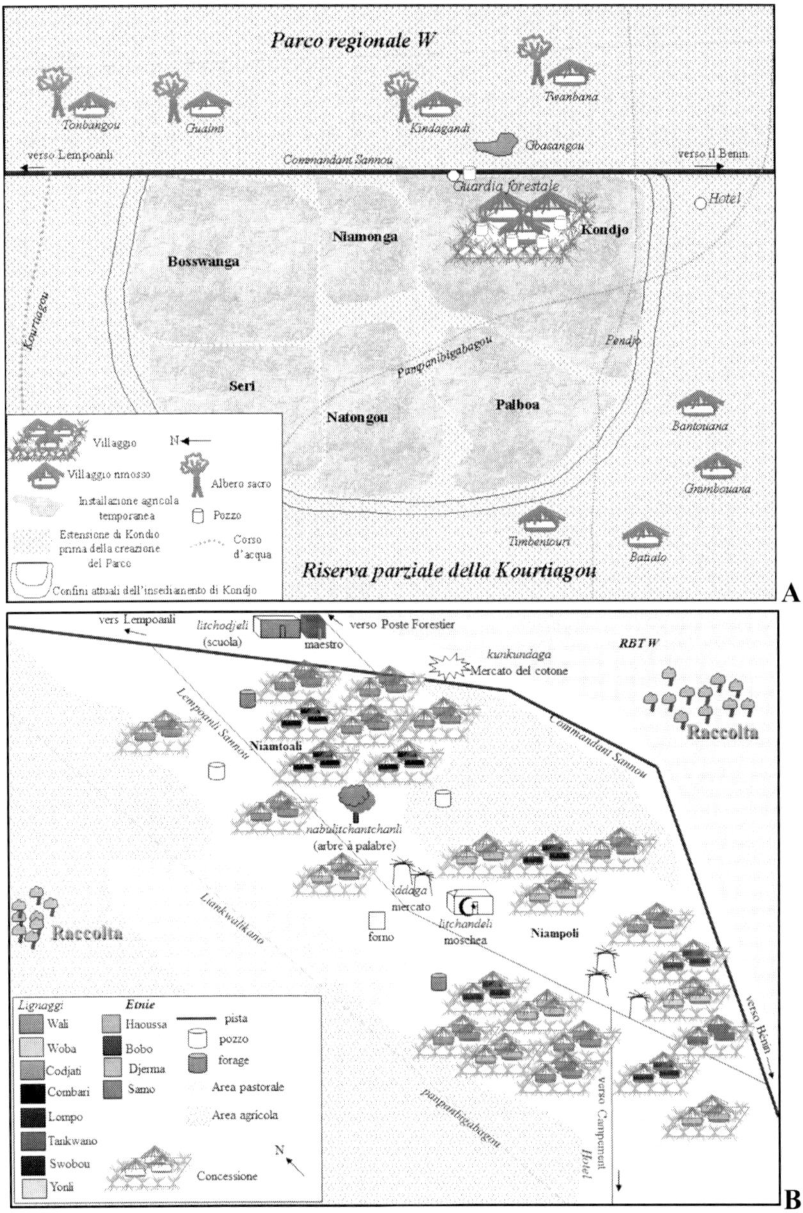

Si è dunque proceduto all'elaborazione di una pianta del villaggio (Fig. 12b) che ne mostrasse l'attuale organizzazione interna, ovvero la distribuzione delle concessioni, la loro appartenenza etnica e di lignaggio, le infrastrutture presenti (mercati, scuola, pozzi, strade) e le aree in cui si praticano le attività produttive (agricoltura, allevamento, raccolta, commercio)[23].

Tali rielaborazioni hanno evidenziato tuttavia un doppio limite, grafico e di conseguenza anche contenutistico: le carte, utilizzando sistemi di grafica bidimensionale non permettono una corretta restituzione della prospettiva paesistica; inoltre, essendo state scisse in due documenti che riproducono il territorio a scala differente non agevolano la comprensione della sua organizzazione funzionale.

Allo scopo di affrontare tali limiti, si è proceduto dunque a realizzare un terzo documento (Fig. 13) che nel rispetto delle informazioni presenti nelle due carte precedenti potesse comunicare sia la rilevanza di Kondio come villaggio permanente sia mostrare l'insieme degli insediamenti temporanei che da esso dipendono[24]. Tale rappresentazione mostra un'attenzione particolare sia alla visione prospettica che all'uso del colore e della figurazione. Per quanto riguarda la prima, il fondo carta è reso prospetticamente e l'uso di figure tridimensionali analogiche per restituire sia gli iconemi naturali (vegetazione, pedologia e idrografia) che quelli culturali (insediamenti, strade). Per tali elementi paesistici, il colore usato è quello analogico, mentre i cromatismi astratti indicano i diversi lignaggi di ogni concessione del villaggio rappresentato al centro e di più grandi dimensioni rispetto al resto. In questa scelta ci si è profondamente discostati dalla regola topografica che sancisce l'uso di un'unica metrica e dunque di un unico rapporto scalare all'interno di un singolo documento e il conseguente dimensionamento delle icone[25]. Qui infatti abbiamo abbandonato tale convenzione dimensionandole in base alla loro importanza sociale.

[23] Tale carta è stata inserita all'interno di un *sistema cartografico GIS partecipativo* (inseribile nella categoria dei CGIS) basato su dati raccolti durante le ricerche all'interno del villaggio. Si tratta del sistema cartografico interattivo e multimediale Multimap (www.multimap-parcw.org) che, nella sezione dedicata ai villaggi "cibles", presenta una serie di documenti riferiti al villaggio di Kondio: oltre alla carta è possibile visualizzare una serie di dati qualitativi e quantitativi riferiti al popolamento del villaggio e alle sue attività produttive ed è inoltre consultabile un rapporto sull'organizzazione territoriale del villaggio e una serie di documenti fotografici realizzati durante le ricerche di terreno.

[24] Ricorrendo al sistema di grafica computerizzata tridimensionale *open source* (SketchUp).

[25] Nella redazione della carta ci si è ispirati a quella del villaggio di Mahadaga, situato tra la falesia di Gobnangou e il Parco dell'Arly e descritta da Emanuela Casti nel saggio: E. Casti, "Tecnologie cartografiche per la governance territoriale", in: E. Casti, J. Lévy (a cura), *Le sfide cartografiche. Movimento, partecipazione, rischio*, Il lavoro editoriale/Università, Ancona, 2010, spec. pp. 38-40.

Fig. 13 – Mapping di conoscenza del terroir *di Kondio*

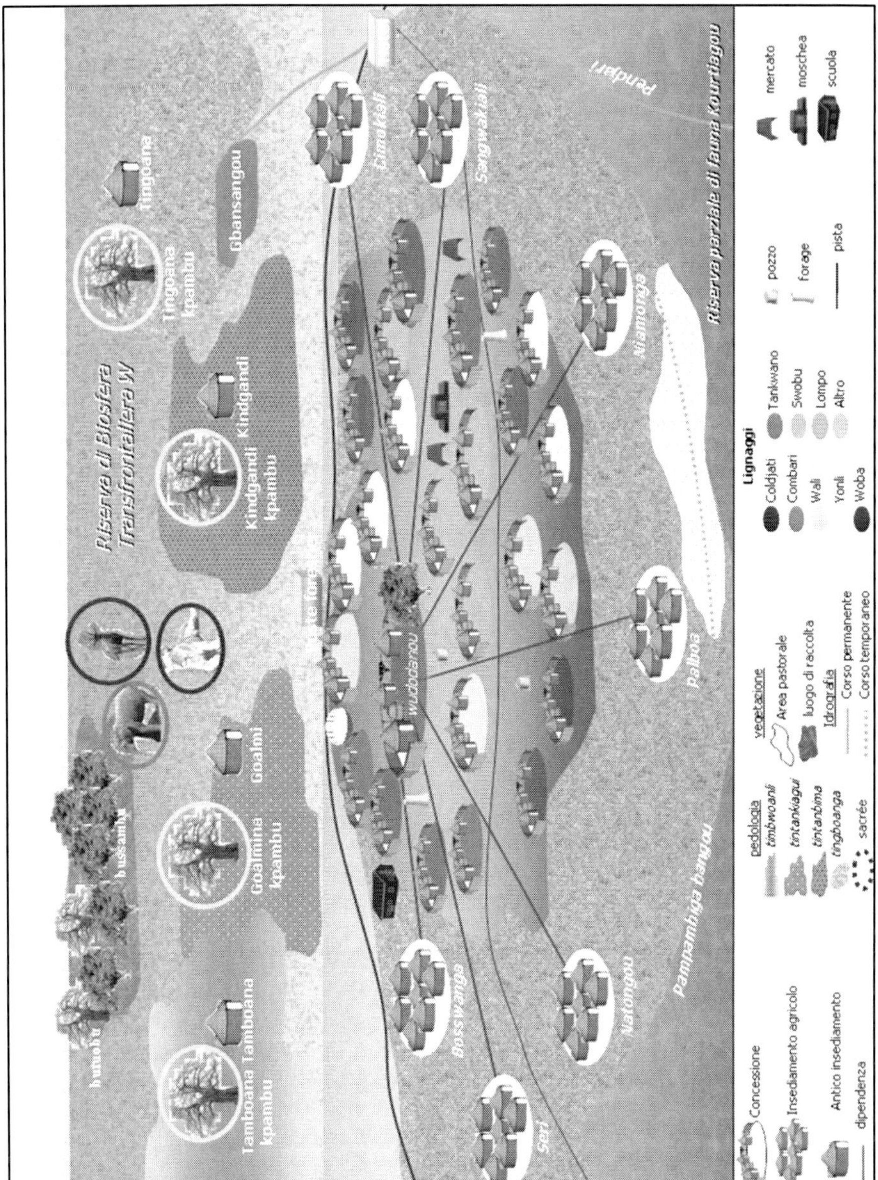

Gerarchizzare l'informazione in base ad un criterio funzionale ha permesso di mostrare la dipendenza degli insediamenti temporanei e il differente ruolo che le concessioni ricoprono all'interno del villaggio in base al lignaggio dei suoi abitanti. Per esempio, la concessione del capo villaggio (*wudodanou*) è di dimensioni superiori rispetto alle altre concessioni; gli insediamenti agricoli al di fuori del villaggio sono stati resi con dimensioni ridotte.

I risultati delle ricerche condotte a Kondio hanno reso palese le difficoltà di frequentare gli alberi sacri presenti nella RBT W, in alcuni momenti dell'anno, e fatto ottenere alle comunità il permesso di accesso al parco. La cartografia partecipativa ha dunque raggiunto il suo scopo: far dialogare attori di culture differenti per il perseguimento dello stesso obiettivo ossia quello di una conservazione delle risorse naturali nel segno di una partecipazione molto spesso evocata ma raramente applicata.

2° fase - Il mapping corografico del paesaggio

In una fase successiva, e precisamente nel 2014, alla luce degli avanzamenti della semiosi cartografica, è stato possibile sperimentare una nuova resa cartografica delle informazioni raccolte sul territorio di Kondio. Oggi è possibile migliorare le elaborazioni realizzate nella prima fase, promuovendo un approccio corografico volto a recuperare i valori sociali e culturali del paesaggio seguendo indicazioni operative provenienti da una riflessione formalizzata. In quest'ultima si sostiene che il paesaggio, se assunto come concetto (Berque, 1995; Turri, 1998), non mostra esclusivamente un'identità sociale ancorata a un insieme di valori del passato ma piuttosto rende il discorso identitario, ovvero il processo mediante il quale i valori che si stratificano nel tempo sul territorio cambiano e si ampliano in base alle acquisizioni sociali in modo dinamico ed evolutivo[26].

Operativamente, la semiosi cartografica prospetta la figurativizzazione dell'icona per attuare scelte alternative rispetto alla codificazione topografica[27]. La figurativizzazione prevede tre fasi: la spazializzazione si basa su punti di osservazione multipli e sull'interazione tra diverse scale per gerarchizzare l'informazione in base a parametri sociali e non metrici; la figurazione utilizza icone astratte per richiamare alcuni valori fondativi della società e icone stilizzate che rimandano al significato connotativo del territorio, oppure che mostrano la loro ininfluenza visuale. Si produrrà in questo modo una gerarchizzazione delle valenze distintive delle varie icone basata su parametri sociali e provenienti dal discorso identitario. A partire da tali presupposti, si distingueranno le icone archetipe in due sottogruppi di primo e secondo livello in base al fatto che trasmettano dei valori sacrali o siano rivolte

[26] Tale impostazione proposta da Emanuela Casti (2013, p. 200) si basa su un'interpretazione geografica dell'identità elaborata da Angelo Turco in: *Terra Eburnea*, Unicopli, Milano, 1999.

[27] Per figurativizzazione Emanuela Casti intende la "*procedura comunicativa attivata dall'icona cartografica per mostrare l'enunciato della semantizzazione territoriale. Le sue fasi sono: la spazializzazione, la figurazione, l'iconizzazione*". Si veda a tale proposito l'applicazione di tale analisi al paesaggio della falesia di Gobnangou in: Casti, 2013, pp. 226-238; cit. p. 286).

a rendere la *médiance* ossia il valore sociale del paesaggio. Le icone archetipe si differenziano dai cliché ovvero da elementi ininfluenti rispetto alla trasmissione del valore del paesaggio[28] (Casti, 2013, p. 226).

Mobilitando le tecniche di montaggio proposte dal processo semiotico della figurativizzazione cartografica del paesaggio, procediamo ad illustrare le varie fasi della trasposizione grafica riassunte nella figura 14.

Per quanto attiene la spazializzazione, si assume la visione prospettica e paesistica, capace di rendere la volumetria degli oggetti, e l'orientazione prevedrà il punto di osservazione posto a est, al fine di poter rappresentare in primo piano il parco all'interno del quale si trovano i luoghi sacri da cui dipende l'organizzazione del *terroir* del villaggio.

La resa delle icone archetipe di primo livello sarà in 3D e libera dall'impianto del fondo-carta in cui sono inserite: le loro dimensioni non rispetteranno né la prospettiva, né la scalarità. Quelle che trasmettono la *médiance* (archetipi di II livello) saranno proposte in forma volumetrica ma ancorata all'impianto del fondo-carta; i cliché, infine, saranno in 2D e vincolati all'impianto in cui sono inseriti. Tali scelte permetteranno di gerarchizzare l'informazione evidenziando le connessioni esistenti tra i valori fondativi – sacrali nel nostro caso – e le loro ripercussioni pratiche nell'organizzazione del villaggio. La comunicazione cartografica viene così indirizzata a trasmettere il significato iconico del paesaggio volto ad esibire il discorso identitario della comunità locale.

Passando poi alla figurazione, il colore delle icone sarà astratto nelle icone archetipe di I livello, analogico in quelle di II livello rivolte a trasmettere la *médiance*, mentre si presenterà in bianco e nero per le icone riferite ai cliché.

La forma è altrettanto importante per la resa degli aspetti culturali e valoriali del paesaggio e per tale ragione si sceglieranno icone astratte (archetipi I livello), stilizzate (archetipi II livello) o figurali (cliché) per indicare una loro gerarchia e rilevanza presso la comunità che vive nei luoghi rappresentati (Casti, 2013)[29].

Alla luce di tali indicazioni, si procede alla redazione di una carta relativa al villaggio di Kondio (Fig. 15), utilizzando il software di grafica tridimensionale SketchUp ed abbinandolo all'uso di Google Earth: tale sistema con-

[28] A proposito dei luoghi sacri va precisato che la ricerca non ha permesso di approfondire il loro differente significato come proposto da Emanuela Casti nell'analisi del villaggio di Yirini, a cui rimando per recuperare la pregnanza di tale aspetto: Casti, 2013, pp. 189-238.

[29] Si veda a tale proposito l'analisi che Emanuela Casti propone per la comunicazione cartografica del paesaggio e per realizzare il passaggio dall'iconema alla sua traduzione nell'icona cartografica (Casti, 2013, pp. 225-238).

sente di assumere la visione prospettica, di adottare indifferentemente entrambi i linguaggi astratto o figurale per la creazione delle icone cartografiche (bi e tri-dimensionali) e di poter ricorrere alla georeferenziazione delle informazioni.

Fig. 14 – Schema orientativo per la costruzione della corografia di Kondio

ICONA	Livello comunicativo	Significato iconema	Dimensioni	Prospettiva	Colore	Forma	Tipologia di icona
• Luogo sacro • Concessione del capo villaggio	Connotativo	Essenza	Autonome	3D	Astratto	Figura astratta	Archetipo - I livello
• Concessioni • Nucleo centrale del villaggio • Area di competenza del villaggio • Insediamenti agricoli temporanei • Dipendenza tra Kondio e insediamenti temporanei • Area pastorale • Luogo di raccolta • Idrografia • Appartenenza ai lignaggi	Connotativo	Médiance	Dipendenti	3D	Analogico	Figura stilizzata	Archetipo - II livello
• Infrastrutture di villaggio: pozzi, scuola, mercato, moschea, pista • Area protetta	Denotativo	Ininfluente	Dipendenti	2D	Bianco e nero	Figurativa	Cliché

Fonte: schema proposto da Casti, 2013, p. 236

Fig. 15 – Mapping corografico del paesaggio di Kondio

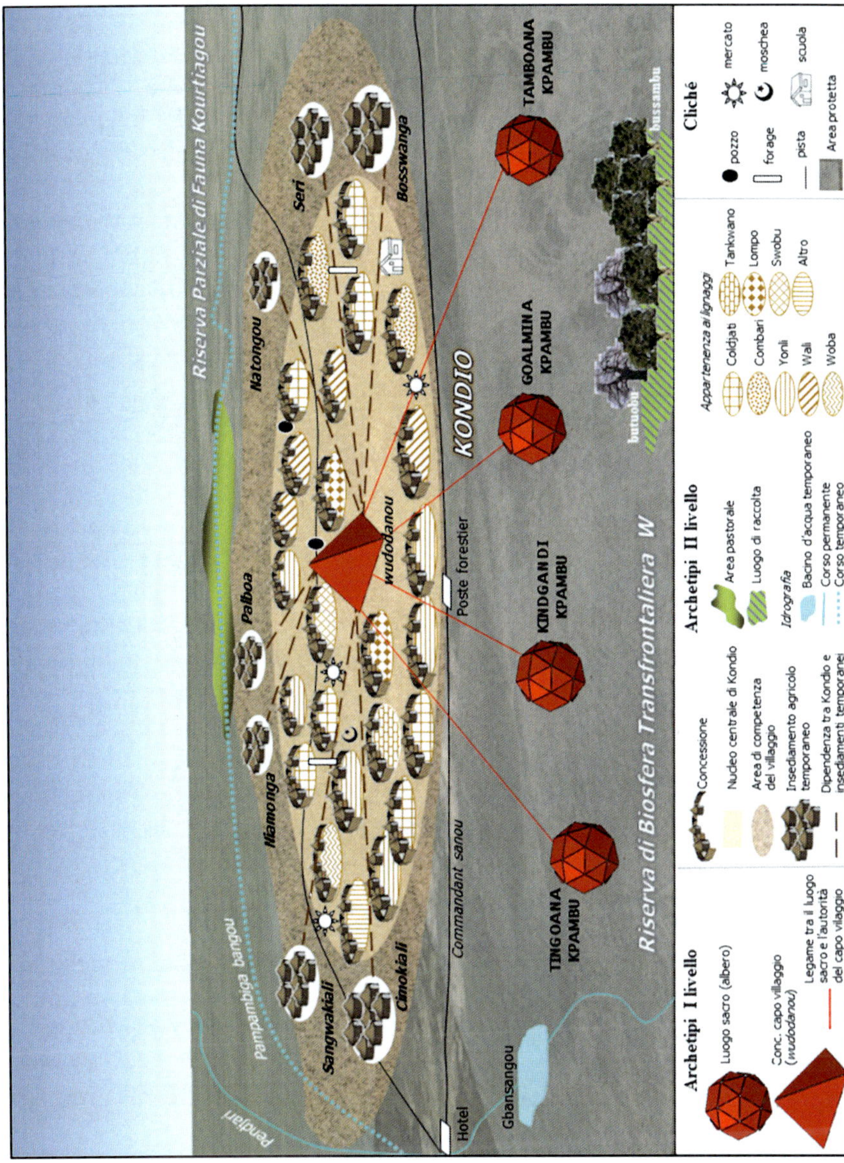

La figura 15 mostra le icone archetipiche di I livello riferite all'essenza: i luoghi sacri, ovvero i quattro baobab presenti nella RBT W segnalati dal gruppo dei notabili, ai quali si aggiunge la concessione del capo villaggio la cui investitura e il cui potere fondiario rimanda al piano mitico con cui si esprime la sacralità su tali luoghi. Esse sono rese in 3D e mediante forma e colore astratti. Così, il lignaggio coldjati (cui appartiene il capo delle terre *wudodanou*) ricopre un ruolo rilevante (mostrato con il rosso) dal momento che possiede sia il diritto religioso che l'autorità nella distribuzione delle terre. La sua concessione, dunque, è rappresentata più grande rispetto alle altre, mediante un'icona astratta, svincolata dall'impianto del fondo carta; la stessa tipologia di icona, 3D, astratta e svincolata è utilizzata per restituire i quattro luoghi sacri.

Le icone archetipiche di II livello, riferite alla *médiance*, e dunque alla restituzione dei valori sociali, riguardano le altre concessioni del villaggio, l'appartenenza ai lignaggi, gli insediamenti agricoli temporanei, la loro dipendenza funzionale da Kondio e i diversi usi del suolo. Le concessioni sono rese in 3D con una forma stilizzata e il colore analogico della capanna e della campitura della base con la quale si indica l'appartenenza ai lignaggi dell'etnia Gourmantché e la loro dimensione è legata al fondo-carta; l'area di competenza del villaggio viene mostrata nei toni del marrone e restituita in una scala superiore per sottolineare l'importanza della sede del potere politico e fondiario del nucleo centrale del villaggio. Le icone riferite agli insediamenti agricoli temporanei che dipendono da Kondio, dunque, sono restituiti ad una scala più piccola, utilizzando icone tridimensionali, analogiche sia nella forma che nei colori. Infine, le aree pastorali e di raccolta, così come l'idrografia sono mostrate mediante cromatismi analogici che riprendono rispettivamente il colore della terra, della vegetazione e dell'acqua.

Infine, le icone relative ai cliché, ovvero ininfluenti rispetto alla trasmissione del valore del paesaggio, ossia gli elementi territoriali di matrice esogena rispetto alla tradizione come i pozzi, la pista, i mercati, la moschea, la scuola, sono rappresentate in 2D, sono di tipo figurativo in bianco e nero e dipendenti dal fondo-carta, creando una loro gerarchia rispetto alle altre icone.

La corografia così ottenuta iconizza il paesaggio e ne mostra la densità informativa: la presenza delle icone riferite agli alberi sacri situati nella Riserva di Biosfera Transfrontaliera W posti in primo piano rimarcano l'importanza della loro accessibilità poiché il loro ruolo ordinativo si riverbera nell'ipostatizzazione del potere del capo villaggio; allo stesso tempo, la diversificazione funzionale delle terre richiama le conoscenze e i saperi sulle risorse naturali possedute dalla comunità locale che garantiscono la sua sopravvivenza.

3.4. Riflessioni in progress

L'analisi sino ad ora condotta porta a sottolineare alcuni aspetti che ineriscono l'iter processuale della realizzazione di una corografia e la riflessività necessaria a indirizzare i suoi esiti comunicativi verso una governance territoriale.

È emerso che il mapping corografico prevede complesse fasi: di diagnostica territoriale, di partecipazione, di redazione manuale di disegni da parte delle comunità, di elaborazioni che restituiscono il significato sociale di tali informazioni ma altresì di quelle rilevate durante l'osservazione e indagine di terreno. Ciò porta a riflettere sulla sua natura multi-attoriale e *post-representational*, ovvero sull'impossibilità di considerarlo una mera rappresentazione, quanto piuttosto un processo cartografico in cui si realizza una comunicazione interculturale.

Infine, la densità di significato trasmessa durante le varie fasi del processo corografico, per non essere vanificata, necessita di una trasposizione grafica adeguata per divenire un sistema utile nella governance territoriale. È necessario attrezzarsi con una metodologia riflessiva, qui identificata nella semiosi cartografica, utile a rappresentare i diversi livelli informativi espressi dalle comunità locali.

Si può dunque riconoscere nel mapping corografico uno strumento performativo e idoneo ad esprimere le valenze identitarie e i saperi tradizionali delle popolazioni locali a coloro che hanno il compito di gestire le risorse del territorio e che, muovendosi in un'ottica di sostenibilità, non possono trascurarli.

Parte seconda

Cittadini, mapping e governance urbana: sistemi collaborativi nel Geoweb 2.0

4. Governance urbana: l'interattività e il ruolo dell'abitante nel Geoweb 2.0

4.1. Governance e partecipazione nei contesti urbani

In ambito urbano la condivisione nella presa di decisione da parte dei cittadini è ormai assunta come una delle leve attraverso le quali raggiungere un più alto grado di qualità ambientale e sociale nonché facilitare i processi di integrazione sociale fornendo un'alternativa alla frammentazione urbana, mediante la governance (Governa, 2011, pp. 221-247)[1].

Più della metà dei 7 miliardi di abitanti del pianeta vivono in città, diventate i fulcri delle decisioni politiche, economiche, culturali e sociali del mondo contemporaneo, caratterizzato dalla mondializzazione, intesa come il processo mediante il quale la dimensione spaziale assume pertinenza multiscalare, locale e globale, e si riverbera nell'insieme di azioni sociali (Lévy, 2003, 2008). La mondializzazione è evidenziata spazialmente da tre processi tra loro sinergicamente collegati: una diffusione generalizzata dell'urbano, l'introduzione di nuove modalità di gestione della distanza e l'emergenza del soggetto come nuovo attore del sistema Mondo.

Per quanto qui ci riguarda, va sottolineato che la dimensione urbana, oltre a diffondersi sempre più, si prospetta come qualcosa di inedito che richiede nuovi strumenti di analisi per comprendere il suo funzionamento e introduce

[1] Gli studi di Francesca Governa dimostrano la necessità di assumere un approccio critico a tale concetto, nell'ambito degli studi sullo sviluppo locale e sulle politiche della città. Infatti, l'autrice sottolinea come, a fronte di una sterminata letteratura sul tema della governance territoriale, il termine "territoriale" sia assunto spesso in modo impreciso e vago sia sul piano teorico che metodologico. Inoltre, Governa illustra la difficoltà di tradurre tale principio, ormai richiamato dalla scala europea a quella locale, in processi operativi che superino il mero uso retorico di tale termine. Si vedano: F. Governa, *Tra geografia e politiche. Ripensare lo sviluppo locale*, Donzelli, Roma, 2014a, spec. pp. 76-83; Id., "Modelli e azioni di governance, Innovazioni e inerzie al cambiamento", in: *Rivista Geografica Italiana*, 1, 2004, pp. 1-27; Id., "La scala locale dello sviluppo. Caratteristiche, attori, processi", in F. Boggio, G. Dematteis, M. Memoli (a cura), *Geografia dello sviluppo. Spazi, economie e culture tra ventesimo secolo e terzo millennio*, Utet, Torino, 2008, pp. 72-87; F. Governa, M. Memoli (a cura), *Geografie dell'urbano. Spazi, politiche, pratiche della città*, Carocci, Roma, 2011.

nuovi indicatori per misurare la sua specificità. Tra questi indicatori l'*urbanità* rende lo stato dell'organizzazione spaziale cogliendo sia gli elementi che le relazioni presenti all'interno della città: mediante il grado di *densità* (degli uomini, degli edifici, degli scambi) e quello di *diversità* (sociologica, territoriale e funzionale) specifica il territorio dell'urbano e permette un'analisi centrata sui suoi abitanti (Lévy, 1999; Lussault, 2003, p. 966).

La visione monocentrica della città, basata su un centro dominante, non è più adeguata a descrivere e interpretare le complesse dinamiche contemporanee che tendono a connettere gli spazi e a renderli interconnessi all'interno di un sistema urbano policentrico (Kloosterman, Musterd, 2001). Infatti è il policentrismo che prospetta la creazione di città reticolari segnando il passaggio da una concezione metropolitana in grado di polarizzare il territorio urbano a quella di "postmetropolis" basata sul movimento dei suoi abitanti e caratterizzata da un'urbanizzazione regionale organizzata su più poli (Soja, 2007, 2011). Tale modello interpretativo mette al centro il movimento e pone il problema della gestione della distanza e della connettività territoriale conseguenti alla circolazione materiale (mobilità) e immateriale (telecomunicazioni) dei cittadini e della possibilità a loro offerta di mostrare la loro presenza contemporaneamente in più luoghi (copresenza) (Lévy, Lussault, 2003, pp. 795-796).

Tale modello di città fa emergere, così, il ruolo dell'individuo mobile utilizzatore delle ICT, della diffusione di Internet e dei Social Media. Allo stesso tempo tale ruolo riconfigura il regime dell'abitare urbano in cui oltre alla figura dei residenti, si annoverano altre categorie di abitanti visti come *city users* (pendolari, turisti, migranti, ...) liberi da una loro precisa collocazione residenziale e identificati in base al modo di esperire la città (Lévy, Lussault, 2003, pp. 440-442).

La governance urbana, dunque, va modellata sul nuovo ruolo che gli abitanti hanno assunto nella città contemporanea considerandoli al centro della sua progettazione e gestione che, seppure basate sulle nuove tecnologie smart, vanno ricondotte alle loro esigenze. Si tratta di passare dalla *smart city* all'intelligenza dell'urbano, tentando di comprendere i bisogni dei diversi soggetti che vivono ed esperiscono la città (Casti, 2014a).

Prima di affrontare specificatamente la governance urbana, soffermiamoci a considerare in quale contesto politico nasce e come si declina in ambito territoriale.

La governance nasce quale modalità di governo più vicina all'abitante, che sappia interessarlo e coinvolgerlo attivamente nella gestione del territorio che abita.

In un'epoca di crisi della politica[2], il funzionamento della democrazia rappresentativa è messo in causa a vantaggio di altre formule quali "democrazia partecipativa" e "democrazia deliberativa" che hanno ormai preso piede nel dibattito attuale[3].

In particolare, l'imperativo partecipativo, ossia l'esigenza di un coinvolgimento delle comunità locali nella gestione del territorio e nella presa di decisione, si è diffuso nelle politiche e nelle amministrazioni locali ed è proprio in tale contesto politico e amministrativo che governance e partecipazione richiedono strumenti applicativi adeguati.

Il ricorso alla governance e la sua istituzionalizzazione all'interno delle pratiche dell'amministrazione pubblica sono un effetto della mondializzazione e trovano spazio soprattutto in seguito alle trasformazioni dello scenario socio-economico mondiale avvenute tra gli anni Settanta e gli anni Novanta, con la crisi fiscale delle economie occidentali avanzate e col tentativo di sviluppare un nuovo "modello di crescita" post-fordista[4]. A partire dalla

[2] Bernard Manin riflette sugli sviluppi del governo rappresentativo, sottolineando che negli ultimi decenni i partiti politici attraversano un periodo di sfiducia e di mancanza di lealtà da parte dell'elettorato. I sondaggi preelettorali evidenziano la grande mobilità dei votanti e il gran numero di coloro che decidono come votare solo a seguito della campagna elettorale o il giorno delle elezioni (Manin, 2010).

[3] L'espressione democrazia partecipativa ha assunto significati plurimi in relazione al contesto disciplinare in cui viene utilizzata. In questa sede, si riprende la definizione data da Loïc Blondiaux, uno dei principali esperti su questo tema in contesto francofono, che considera la democrazia partecipativa come "*l'ensemble des dispositifs et des procédures qui permettent d'augmenter l'implication des citoyens dans la vie politique et d'accroître leur rôle dans les prises de décision*" (Blondiaux, 2008). Concentrandosi sul senso di appartenenza e di identificazione che le politiche partecipative possono far raggiungere alle comunità coinvolte, si è diffusa una particolare forma di democrazia partecipativa, alla quale la comunità scientifica ha assegnato il nome di "democrazia deliberativa". Questa espressione proviene dal dibattito anglosassone, ovvero dal termine *deliberation* vale a dire il processo di dibattito e di scambio, e non il momento della decisione. Per i deliberativisti l'interesse delle politiche partecipative non sta nella presa di decisione, ma nella discussione tra tutti i soggetti coinvolti. Infatti, le esperienze di democrazia deliberativa si fondano su due assunti: l'uso dell'argomentazione come mezzo di dialogo e l'inclusione di tutti gli interessi e i punti di vista, tra i quali si deve instaurare il confronto dialogico (Bobbio, 2006). Nella democrazia partecipativa, al contrario, si predilige la prassi, lasciando aperte le porte a sperimentazioni creative e all'innovazione.

[4] A partire dagli anni Settanta molteplici eventi mutarono i modelli di regolazione degli stati nazionali: le crisi petrolifere del '73 e del '79, l'inflazione e l'aumento della disoccupazione e del debito pubblico, le privatizzazioni, la deregulation dei mercati finanziari su scala globale e il fiorire di episodi di corruzione furono alcuni segnali delle difficoltà che i governi a scala mondiale stavano affrontando. È a partire da quest'epoca che gli studiosi identificano lo sviluppo di una crisi dello Stato democratico. Per Habermas la crisi riguarda principalmente la legittimazione dello Stato che viene meno poiché esso non è più in grado di mantenere una politica coerente a causa della crisi economica e della necessità di assicurarsi il sostegno politico dei gruppi chiave (Habermas, 1975, pp. 105-159). Per altri autori, l'aumento delle aspettative della società civile, legate a standard di vita più alti e rafforzate da un declino della

crescente importanza degli organismi sovranazionali, dal progressivo decentramento politico e dalla ridefinizione dei rapporti tra lo Stato e gli enti locali, i governi hanno iniziato ad adottare un nuovo modello di regolazione che ridefinisce la sovranità dello Stato. In tale quadro, il soggetto pubblico si ritrae dall'erogazione dei servizi pubblici con l'affermarsi della sempre più estesa privatizzazione degli stessi. I territori locali, come le città, sono sempre meno spazi politici autonomi, e il soggetto pubblico perde il ruolo propriamente decisionale e regolativo e assume quello di accompagnare le interazioni tra una molteplicità di soggetti, di moderare i conflitti, di definire le politiche di fondo su cui costruire i partenariati e promuovere i processi partecipativi[5].

Passando a considerare la riflessione maturata in ambito territoriale, la governance viene assunta con sfumature differenti. Angelo Turco la indica quale mezzo per attribuire un ruolo centrale al soggetto nella sua dimensione collettiva ossia, riguarda "*la concezione, la progettazione e lo svolgimento di un'azione pubblica sul territorio condotta da un attore collettivo*" (Turco, 2013, cit. p. 91). Quest'ultimo si compone di una molteplicità di soggetti pubblici, privati, associativi (dai movimenti spontanei, alle ONG, alle reti

deferenza verso lo Stato, portano gruppi di interesse ad esercitare forti pressioni sui politici e sui governi per soddisfare i loro particolari interessi (Brittan, 1975; Huntington, 1975). Qualunque sia la teoria che più rispecchia la realtà dei fatti, ciò che a noi interessa è affermare l'idea che a partire dagli anni Settanta la democrazia rappresentativa attraversa una fase di crisi che genera sfiducia, sospetto e disincanto. Per un approfondimento sul legame tra cambiamenti economico-sociali e trasformazione dei modelli di regolazione statali, si vedano tra i tanti: D. Harvey, *La crisi della modernità*, Il Saggiatore, Milano, 2010; A. Amin (a cura), *Postfordism, a reader*, Blackwell, Oxford-Cambridge, 1994.

[5] Tale cambiamento di prospettiva, più maturo nel contesto territoriale nordamericano, solo recentemente ha trovato una diffusione nel territorio europeo, per ora espressa in termini di principi e di politiche sovranazionali, piuttosto che di una loro declinazione operativa e mirata all'interno delle città. Il contesto nordamericano è storicamente il più evoluto nell'elaborazione di misure politiche volte ad incentivare la partecipazione dei cittadini. L'elaborazione del sistema federale e delle forme di decentramento territoriale hanno prodotto una maturità senza pari al mondo per la gestione partecipata delle questioni pubbliche. Uno dei casi più emblematici è il Canada, che con la *Loi sur l'aménagement e l'urbanisme* del 1979 (LAU) impone e regolamenta ancor oggi le politiche di consultazione pubblica per l'approvazione e la revisione degli schemi di pianificazione e di sviluppo coinvolgendo i vari livelli del decentramento territoriale. Indirizzandosi alle *Municipalités Régionales de Comté* (MRC), alle municipalità locali e ai Consigli di circoscrizione, fissa i principi generali e le condizioni di realizzazione delle consultazioni pubbliche. A fianco di tale quadro storico-territoriale, in Nord America si sono diffuse le più avanzate analisi della partecipazione in ambito urbano. Una delle più note è riconosciuta sotto il nome di "Scuola di Chicago" che riunendo le ricerche di Robert Ezra Park, di Ernst Burgess, Roderick McKenzie e Louis Wirth, ha elaborato i primi studi di "ecologia urbana" ponendo al centro dell'attenzione i problemi sociali e le forme di segregazione/assimilazione che emergono dal fenomeno dell'immigrazione nelle grandi città americane dei primi del Novecento. Si veda: R.E. Park, E.W. Burgess, R.D. McKenzie (a cura), *The city*, University of Chicago Press, Chicago, 1925.

civiche), ovvero attori estranei all'arena politica. L'importanza di tale dimensione collettiva è rimarcata anche da altri autori che la prospettano come una forma di coordinamento e di organizzazione dei soggetti e delle loro azioni che si differenzia sostanzialmente dalla logica di mercato, tipica del settore privato, o dalla gerarchia, che è propria del settore pubblico della città (Bagnasco, Le Galès, 1997).

Altri come Patrick Le Galès anziché sulla collettività mettono l'accento sull'insieme dei processi e delle istituzioni che partecipano alla gestione politica di una società. Afferma che la governance comprende sia il governo propriamente detto che il contributo di altri attori aventi un ruolo nella definizione degli orientamenti strategici: imprese, sindacati, associazioni e individui (Le Galès, 2003, pp. 418-422).

In sintesi, si può affermare che la *governance* territoriale costituisce una specifica modalità di organizzazione e coordinamento di un insieme complesso di attori pubblici e privati la cui partecipazione è flessibile e volontaria, al fine di definire una visione condivisa del territorio e del suo sviluppo secondo obiettivi comuni e strategie condivise. Da un punto di vista procedurale, la governance si attua grazie a dispositivi contrattuali o negoziali diversi: per esempio la cooperazione interistituzionale tra soggetti pubblici (come le forme di intercomunalità in Francia, o gli accordi tra Comuni in un progetto di sviluppo locale, in Italia; oppure il partenariato tra attori pubblici e privati; o ancora tutte le modalità di coinvolgimento dei cittadini a processi decisionali, in cui l'attore pubblico diventa facilitatore più che fornitore di un servizio (Governa, 2011, pp. 231-236)[6].

Assumere lo scenario appena descritto per specificare la governance all'interno dei contesti urbani significa metterla in rapporto con l'*urbanità* nelle sue connotazioni precipue ossia relative alla *densità* (degli uomini, degli edifici, degli scambi) e alla *diversità* (sociologica, territoriale e funzionale), più sopra richiamate. Per quanto riguarda la prima, è necessario tener conto della densità degli individui, delle infrastrutture, dei beni e delle informazioni, così come della loro distribuzione e dei loro flussi. Per quanto concerne la seconda, è necessario comprendere le istanze e le strategie dei diversi attori, tenendo conto dell'età, del genere, delle condizioni economiche e di salute, del background culturale, così come le divergenze e i conflitti presenti nell'accesso e nella fruizione degli spazi urbani, a seconda delle attività praticate e dunque delle funzioni che tali spazi ricoprono per le diverse categorie di attori. A tale scopo, è opportuno che i processi di governance

[6] Per un approfondimento sui principi e i meccanismi che guidano la governance urbana, si veda l'analisi proposta da Francesca Governa in: F. Governa, "Attori, città, politiche urbane", in: F. Governa, M. Memoli (a cura), *Geografie dell'urbano. Spazi, politiche, pratiche della città*, Carocci, Roma, 2011, pp. 221-247.

urbana si realizzino a partire dalla conoscenza di tali connotazioni, assumendo un approccio volto all'analisi della molteplicità piuttosto che alla differenza (Governa, 2014b). Solo mediante una conoscenza di tali specificità, che possono emergere solo dal confronto, si possono esplorare le alternative per ridefinire i problemi collettivi e le possibilità di azione future.

4.2. La dimensione istituzionale della governance urbana: dai principi alle modalità di applicazione

La Banca Mondiale, alla fine degli anni '80, introduce il principio di "good governance" per valutare le modalità di investimento nei paesi in via di sviluppo, secondo criteri di trasparenza, efficienza e democrazia[7]. Qualche anno dopo, il Summit delle Nazioni Unite del 1992 tenutosi a Rio de Janeiro rimarca il principio della partecipazione, quale postulato cardine dello sviluppo sostenibile. Infatti, il Principio numero 10 della Dichiarazione di Rio afferma che la maggiore efficienza nella gestione ambientale si raggiunge con la partecipazione di tutti i cittadini e l'accesso alle informazioni ambientali detenute dalle autorità pubbliche; più specificamente, l'Agenda 21 raccomanda ai governi di sviluppare politiche ambientali coinvolgendo tutti i settori economici e sociali nella promozione della sostenibilità.

Tale approccio alla partecipazione ha trovato successivamente diverse conferme e, nel 2002, il Centro delle Nazioni Unite per l'Insediamento umano (UNCHS) ha lanciato la campagna globale sulla "buona governance urbana" utilizzando tale principio per rispondere in modo efficace ai problemi urbani supportando i governi locali nell'attivazione di una collaborazione con la società civile.

Anche l'Unione europea mediante norme, politiche e metodologie ha adottato e tradotto i principi di partecipazione e governance. In primo luogo, a livello giuridico, la Costituzione europea, entrata in vigore nel 2004, ma poi assorbita dal successivo Trattato di Lisbona del 2009, enuncia il principio della democrazia partecipativa nella prima parte, Titolo VI dedicato alla vita democratica nell'Unione e precisamente nell'articolo I-47 intitolato "Principio della democrazia partecipativa". Tale articolo è stato successivamente ripreso interamente dall'art. 11 del Trattato di Lisbona seppure non abbia ripreso la titolazione, sancendo che le istituzioni mantengono un dialogo

[7] In realtà, ciò ha acceso un dibattito sulle pratiche della Banca Mondiale criticando il modello liberal-occidentale e dunque i criteri avulsi dalle specificità sociali e territoriali dei paesi in via di sviluppo in cui la *good governance* viene promossa, inoltre, i principi che la guidano derivano dalla "corporate governance" del mondo delle imprese che vengono applicati al territorio (Governa, 2011, p. 235).

aperto, trasparente e regolare con le associazioni rappresentative della società civile e che la Commissione procede ad ampie consultazioni delle parti interessate. Di conseguenza, la partecipazione si traduce operativamente nei termini del dialogo e della consultazione.

Una forma più avanzata di partecipazione è prevista dal diritto d'iniziativa popolare. Infatti, nel comma 4 dello stesso art. 11, si prevede che una petizione, presentata con almeno un milione di firme in più Stati membri, possa indurre la Commissione a prendere un'iniziativa legislativa, purché essa sia compatibile con la Costituzione e in particolare con la Carta dei diritti fondamentali[8]. Le iniziative dei cittadini sono altresì contemplate nell'apposito Regolamento n. 211/2011 del Parlamento europeo e del Consiglio, emanato il 16 febbraio 2011, che norma le modalità e le fasi di presentazione d'iniziativa da parte dei cittadini europei. A tali documenti si aggiunge il Libro Bianco per la Governance elaborato nel 2001 in cui la società civile è l'attore cui ci si rivolge per favorire una più ampia partecipazione dei cittadini e offrire loro un canale strutturato per le loro reazioni, critiche e proteste[9].

Oltre al piano giuridico, è nelle politiche europee che si misura l'attenzione nei confronti della partecipazione. Questa viene vista innanzitutto come processo di informazione, soprattutto nelle politiche riguardanti il tema della sostenibilità in relazione ai contesti urbani. La questione ambientale e la città sono infatti i due ambiti originari attorno ai quali si sono mosse le iniziative volte a coinvolgere i cittadini.

Richiamando i principi di Rio, la Carta di Aalborg del 1994 è stata approvata dai partecipanti alla conferenza europea sulle città sostenibili, permettendo di attuare l'Agenda 21 nelle amministrazioni locali e di promuovere la campagna per uno sviluppo sostenibile delle città europee. La partecipazione in ambito ambientale è stata successivamente consolidata dalla Convenzione di Aarhus del 1998, con la quale si è affermato il pieno diritto dei cittadini nella gestione dell'ambiente mediante l'accesso alle informazioni, la partecipazione pubblica ai processi decisionali e l'accesso alla giustizia in materia ambientale. Si tratta di un documento fondamentale per la sua portata e di un vero strumento di democrazia ambientale cui è seguita la Direttiva sulla Valutazione Ambientale Strategica (VAS) del 2001. Una tappa importante per

[8] Di fatto il diritto d'iniziativa ricorda la "Proposta di legge di iniziativa popolare", che in Italia permette a 50.000 cittadini di presentare un disegno di legge al Parlamento senza acquisire il diritto a un successivo referendum in caso di respinta o di silenzio.

[9] In tale documento si legge che l'intento è: "favorire i processi partecipativi e di riunire le regole, le procedure e le prassi attinenti al modo in cui i poteri sono esercitati dall'Unione europea con l'obiettivo di adottare nuove forme di governance che avvicinino maggiormente l'Unione ai cittadini europei, la rendano più efficace, rafforzino la democrazia in Europa e consolidino la legittimità delle sue istituzioni".

sancire l'importanza della partecipazione è stata la Convenzione Europea del Paesaggio del 2000 che ha riconosciuto il ruolo delle comunità locali nella percezione del paesaggio in cui vivono, dichiarando la rilevanza di un loro riconoscimento nella fase di pianificazione. Infine, nel 2001 con l'Agenda di Göteborg il Consiglio europeo ha approvato una strategia aggiungendo la dimensione ambientale al processo di Lisbona per l'occupazione, le riforme economiche e la coesione sociale. I principali punti sottolineati sono l'uso di strumenti di comunicazione per misurare l'impatto delle attività umane sull'ambiente, l'elaborazione da parte della Commissione di scenari dell'Europa sostenibile nei prossimi 50 anni condivisi in maniera partecipata, il ruolo delle città e delle amministrazioni locali nella promozione di approcci partecipativi, quali l'Agenda 21 locale, la promozione di iniziative da parte della società civile finalizzate a creare competenze sullo sviluppo sostenibile[10].

Dall'analisi delle politiche europee, emerge che a fronte di una dichiarazione di principi a favore della partecipazione, quest'ultima si traduce, principalmente, in due atteggiamenti: i. un appoggio finanziario che mette in gioco un partenariato tra istituzioni che poco ha a che vedere con una vera e propria partecipazione della società civile ai processi decisionali e ii. la promozione dell'informazione ai cittadini che, secondo la metafora della scala della partecipazione, costituisce solo il primo stadio dei processi partecipativi[11].

[10] La Strategia di Göteborg è stata rivista tramite un processo di aperta consultazione iniziato nel 2004. Nel 2005 il Consiglio Europeo ha approvato la Dichiarazione sui principi guida dello sviluppo sostenibile e nel 2006 ha adottato la nuova strategia 2005-2010. La Dichiarazione prevede una serie di macro obiettivi ("Tutela dell'ambiente", "Equità sociale e coesione", "Prosperità economica" e "Adempimento delle responsabilità internazionali") e principi (tra i quali la "Promozione e protezione dei diritti fondamentali", la "Solidarietà intragenerazionale ed intergenerazionale" e la "Partecipazione dei cittadini"). Tale prospettiva rientra pienamente nella Strategia di Lisbona del 2000 (e nella sua continuazione, la Strategia Europa 2020) dal momento che contiene dei rimandi al principio di partecipazione. Più precisamente, è nel tema della coesione sociale che si promuove una solidarietà tra gli Stati membri e le regioni dell'Unione europea per favorire uno sviluppo equilibrato del territorio comunitario, riducendo i divari strutturali tra le regioni, per promuovere pari opportunità tra i cittadini.

[11] Per quanto riguarda il primo aspetto, la politica di coesione prende forma attraverso diversi interventi finanziari come i Fondi strutturali e il Fondo di coesione. La politica di coesione è stata destinata ad alcuni aspetti dello sviluppo in materia di crescita economica e di occupazione, continuando tuttavia a sostenere le regioni che non avevano ancora completato il processo di convergenza. D'altro canto, le aree che si trovano a far fronte a specifiche difficoltà strutturali (aree industriali in fase di riconversione, aree urbane, rurali o dipendenti dalle attività di pesca, aree con gravi svantaggi naturali o demografici) continuano a necessitare di interventi strutturali. Per quanto riguarda il secondo aspetto, emerge che la partecipazione vista come processo legato all'accesso all'informazione e alla comunicazione rappresenta un riferimento sempre più presente nel quadro programmatico comunitario, rappresentando la risposta delle istituzioni ad una domanda crescente di trasparenza e di apertura ai cittadini.

Accanto alle politiche o strategie, sono nati approcci volti alla traduzione applicativa del principio di partecipazione e riguardano specialmente l'ambito ambientale. Uno dei più diffusi è l'EASW (*European Awareness Scenario Workshop*), un metodo ideato in Danimarca ed adottato dalla Direzione Ambiente della Commissione Europea con lo scopo di promuovere l'innovazione sostenibile e di indirizzare lo sviluppo tecnologico. Tale metodo prevede l'organizzazione di un workshop della durata di un paio di giorni, durante il quale quattro gruppi attoriali corrispondenti a quattro categorie (amministratori, operatori economici, esperti e cittadini) elaborano ciascuno due scenari futuri: il primo, catastrofico, con l'obiettivo di fare emergere i rischi del territorio, il secondo, per evidenziare gli obiettivi più ambiziosi da raggiungere e le potenzialità presenti. Confrontando gli otto scenari formulati e procedendo con gruppi di lavoro misti a carattere tematico, vengono proposte idee e modalità di realizzazioni che saranno poi presentate a tutti i componenti del workshop e votate. Le cinque idee più votate vengono portate a realizzazione grazie a piani d'azione.

All'EASW si aggiunge lo "Sviluppo locale promosso dalla comunità" (*Community led local development*) che, promosso dal Parlamento Europeo, dal Comitato delle Regioni e dalla Commissione Europea, se adattato al contesto nazionale, rappresenta un'opportunità di mobilitazione diretta di competenze locali, soprattutto delle organizzazioni del terzo settore, in particolare nel campo dell'inclusione sociale. Tale approccio, ideato in ambito rurale all'interno del progetto LEADER (Liaison Entre Actions pour le Développement de l'Economie Rurale), è stato poi applicato in ambito urbano nell'iniziativa URBAN, volta a sostenere strategie innovative per la rigenerazione economica e sociale delle città, e EQUAL, iniziativa dei Fondi strutturali Europei incentrata sulla promozione di progetti transnazionali contro le discriminazioni.

Nel passaggio dalla normativa e dalle politiche europee alla loro applicazione nei contesti locali è importante tener conto della raccomandazione del Comitato dei Ministri del Consiglio d'Europa n. 19, 2001 "Recommendation to member states on the participation of citizens in local public life", che riconosce ai cittadini il diritto di avere accesso ad una informazione chiara e comprensibile e di poter prendere parte alla definizione delle scelte che riguardano il futuro della propria comunità. E, al fine di rendere concreti tali diritti, il Comitato dei Ministri del Consiglio d'Europa esorta i Governi nazionali ad attuare una serie di misure e di azioni volte a promuovere la partecipazione diretta nei processi decisionali locali, in modo da ridefinire, su basi nuove e più avanzate, il rapporto tra cittadini e organismi elettivi.

Tutto ciò viene ribadito e dichiarato con forza nella Decisione n. 1093 relativa all'Anno Europeo dei Cittadini 2013, sottoscritta dal Parlamento europeo e dal Consiglio nel novembre del 2012, che esprime il bisogno delle istituzioni di rafforzare il senso di partecipazione dei cittadini e il sentirsi parte di un'Europa unita.

Nel novembre del 2012, il Parlamento e il Consiglio europei hanno firmato a Strasburgo la Decisione n. 1093 relativa all'Anno Europeo dei Cittadini 2013. L'obiettivo dichiarato è di rafforzare la consapevolezza e la conoscenza dei diritti e delle responsabilità connessi alla cittadinanza nell'Unione, attraverso la partecipazione degli abitanti alla vita democratica. La partecipazione viene infatti ribadita e incoraggiata attribuendo ai cittadini un ruolo attivo:

> Le istituzioni dell'Unione dovrebbero promuovere la partecipazione democratica attiva al processo decisionale mediante un dialogo aperto, trasparente e regolare con la società civile, al fine di assicurare la coerenza e la trasparenza delle azioni dell'Unione. La partecipazione attiva dei cittadini dell'Unione dovrebbe inoltre essere facilitata dall'accesso ai documenti e alle informazioni, da una buona governance e da un'amministrazione ben funzionante (considerazione n. 18).

4.3. Il caso italiano: dal *vis à vis* alla partecipazione nel Geoweb 2.0

In Italia, le esperienze di partecipazione sono da tempo terreno di sfida degli amministratori pubblici messi di fronte alle sfide della cittadinanza attiva. Ciò è legato ad una nuova consapevolezza della diversità degli attori sociali e dell'importanza del loro apporto nella progettazione dei territori in cui vivono. Dal rapporto tra i diversi attori deriva il problema fondamentale del governo del territorio, o meglio, di governance territoriale e di partecipazione (Martinotti, 1993, Dematteis, 1996).

In termini prettamente giuridici, la presenza della dimensione partecipativa nella normativa italiana è allusa dallo stesso articolo 3 che recita: "È compito della Repubblica rimuovere gli ostacoli di ordine economico e sociale, che, limitando di fatto la libertà e l'eguaglianza dei cittadini, impediscono il pieno sviluppo della persona umana e l'effettiva partecipazione di tutti i lavoratori all'organizzazione politica, economica e sociale del Paese" (art. 3). L'accento sul tema della partecipazione è posto inoltre dal Testo Unico delle leggi sull'ordinamento delle autonomie locali, n. 267/2000 (D. lgs. n. 267, 2000) che identifica nei comuni e nelle loro sottostrutture (quartieri e frazioni), il luogo deputato a garantire una più facile messa in atto dei processi partecipativi. Infatti, l'articolo dedicato alla "Partecipazione popolare" afferma che: "I comuni, anche su base di quartiere o di frazione, valorizzano le libere forme associative e promuovono organismi di partecipazione popolare all'amministrazione locale. I rapporti di tali forme associative sono disciplinati dallo statuto" (art. 8, comma 1).

Inoltre, tale testo dichiara che lo statuto dei comuni promuove la partecipazione sia dei cittadini dell'Unione europea, sia degli stranieri regolarmente soggiornanti: "Lo statuto, ispirandosi ai principi di cui alla legge 8 marzo 1994, n. 203, e al decreto legislativo 25 luglio 1999, n. 286, promuove forme di partecipazione alla vita pubblica locale dei cittadini dell'Unione europea e degli stranieri regolarmente soggiornanti" (art. 8, comma 5).

Successivamente, nell'attuazione del nuovo titolo V della Costituzione, la legge La Loggia conferma tali principi, ribadendo nell'art. 4.2 e 4.4 la competenza statutaria e quella regolamentare dei comuni e delle province sulla partecipazione popolare.

Passando alla scala regionale, è negli statuti che si riscontra l'evocazione alla partecipazione, vista la loro generale competenza sui principi fondamentali di organizzazione e funzionamento dell'autonomia regionale. Ad oggi esistono solo due casi degni di attenzione, in cui si assiste ad una vera e propria azione normativa volta alla partecipazione dei cittadini alle politiche regionali e locali. Le Regioni che, ad oggi, risultano aver legiferato in materia sono la Toscana (L.R. 27 dicembre 2007 n. 69) e l'Emilia-Romagna (L.R. 9 febbraio 2010 n. 3)[12].

Gli elementi comuni alle due normative riguardano l'analisi: i. del principio di democrazia partecipativa e delle sue finalità, ii. dei soggetti proponenti e delle figure di coordinamento; iii. delle modalità di realizzazione e di valutazione.

Sul piano comunicativo, è interessante notare che, in entrambi i casi, i portali delle due Regioni contengono una sezione dedicata alla partecipazione. La Regione Toscana intitola "Cittadini" la prima sezione presente nella Home Page, a partire dalla quale è possibile accedere alla sottosezione "Diritti e cittadinanza" che a sua volta presenta una pagina dedicata alla "Partecipazione", contenente materiali, comunicazione di eventi e processi partecipativi, attività formative e link di approfondimento[13]. Anche la Regione

[12] Anche la Regione Puglia sta lavorando in tal senso. Nel febbraio 2016 è stata presentata una proposta di legge sulla partecipazione popolare. Per eventuali sviluppi si consulti il sito della Regione Puglia: http://www.regione.puglia.it.

[13] Un altro aspetto significativo riguardante la Toscana è il suo coinvolgimento all'interno di progetti finanziati dall'Unione europea per la promozione e il rafforzamento della partecipazione dei cittadini. Nel 2008 ha infatti aderito al Progetto Ideal-Eu, nato dalla cooperazione tra la Regione Toscana, la regione francese del Poitou-Charentes e la Comunità autonoma della Catalogna. IDEAL-EU sostiene gli sforzi del Parlamento europeo nella sensibilizzazione sul cambiamento climatico mediante una Piattaforma di Networking Sociale per sostenere la distribuzione delle informazioni tematiche sul cambiamento climatico e per preparare il terreno per l'organizzazione di dibattiti deliberativi tra cittadini e stakeholders. Tale iniziativa vuole consentire ai cittadini europei di discutere e votare sulle questioni in gioco ed esprimere raccomandazioni per i *policy makers*.

Emilia-Romagna si presenta assai attiva sul piano comunicativo, dal momento che prevede, oltre alla sezione "Partecipazione" presente nella Home Page del portale, due importanti iniziative digitali dedicate ai processi partecipativi: a. un canale di *e-democracy open-source* avente l'obiettivo di informare, supportare, consultare i cittadini, dialogando con loro e consultandoli anche virtualmente ; b. un osservatorio della partecipazione su base cartografica interattiva Google, finalizzato a mostrare la distribuzione delle iniziative di partecipazione sul territorio regionale mostrando per ognuna una scheda di approfondimento costruita su segnalazione dei cittadini promotori.

Negli altri casi regionali, sebbene in assenza di un testo normativo specifico, si nota una sempre maggiore attenzione nei confronti dei processi partecipativi ed una diffusione crescente di metodologie e strumenti attuativi. Infatti, negli ultimi anni, le amministrazioni locali sono invitate da più parti – da quello internazionale a quello governativo italiano – ad adottare metodologie e strumenti di partecipazione. Sono emblematici gli studi condotti a scala internazionale dall'OCSE (2002) e a quella nazionale dal Dipartimento della Funzione pubblica della Presidenza del Consiglio dei Ministri (Bobbio, 2004; 2007) che hanno promosso la pubblicazione di veri e propri manuali finalizzati a fornire un quadro delle metodologie e degli strumenti utili agli amministratori per intraprendere i diversi livelli di partecipazione riassumibili in tre categorie:

i. Informazione e comunicazione: URP (Uffici Relazione con il Pubblico), siti internet, sistemi informativi territoriali, periodici di informazione, ecc.
ii. Consultazione e progettazione inclusivi: punti di ascolto, interviste, forum, tavoli sociali, consulte, forum telematici, focus group, metaplan[14], camminate di quartiere, *Open Space Technology* (OST)[15], *Planning for Real*[16], gruppi di lavoro e workshop, tavoli tecnici, laboratori progettuali,

[14] Il "metaplan" è una tecnica di partecipazione basata sulla visualizzazione, elaborata dai fratelli Wolfgang ed Eberhard Schnelle nel 1972 in Germania. Essa viene utilizzata nella gestione dei processi di comunicazione nei gruppi di lavoro, ed è basata sulla raccolta di opinioni dei partecipanti e la loro successiva organizzazione in blocchi logici fino alla formulazione di piani di azione in cui sono evidenziate le problematiche emerse e le possibili soluzioni. Il metaplan permette di gestire con efficacia una discussione di gruppo per l'elaborazione di un'analisi SWOT (Strenghts, Weaknesses, Opportunities, Threats). Si veda al proposito: http://www.metaplan.com/en/.

[15] L'*Open Space Technology* è stata elaborata dall'antropologo americano Harrison Owen. Si tratta di uno strumento di apprendimento informale che agevola la circolazione di informazioni, conoscenza, esperienze all'interno di organizzazioni e permette di affrontare processi di cambiamento quando è necessario un confronto su questioni complesse e dove non esiste una soluzione univoca. Per un approfondimento si veda il sito: http://www.openspaceworld.com/brief_history.htm.

[16] Si tratta di una tecnica basata sulla simulazione che si propone di aiutare la partecipazione del pubblico meno abituato a prender la parola o ad immaginare scenari futuri proprio

conferenze di servizi e accordi di programma, patti territoriali e altre forme di politiche concertate per lo sviluppo locale (Progetti territoriali integrati, contratti d'area, piani di zona per i servizi sociali, piani dei tempi degli orari, piani strategici delle città, contratti di quartiere, *Action planning*, *Consensus building*, *Goal oriented project planning* (Gopp), progetti di Agenda 21 locale), ecc.;

iii. Partecipazione attiva e azioni operative condivise: *giurie di cittadini*[17], *Town meeting*, *Deliberative polling*, bilanci partecipativi[18].

Sebbene il contesto italiano sia evoluto in materia di partecipazione, per la presenza di una rosa sia di strumenti giuridici che di metodologie e strumenti di partecipazione, sussiste ancora il problema di come attivare i complessi meccanismi di coinvolgimento dei cittadini, per la diffidenza diffusa nei confronti delle istituzioni pubbliche e per la difficoltà di assicurare una partecipazione allargata alle diverse componenti sociali.

grazie alla simulazione del problema che lo rende più facilmente comprensibile. *Planning for Real* è un metodo di partecipazione che consente a tutti di potersi esprimere in modo libero ed anonimo grazie al supporto di un modello tridimensionale del territorio (di solito un plastico) e delle sue trasformazioni progettate. I partecipanti appongono sul plastico degli elementi indicanti interventi migliorativi o problematiche che vengono prese in considerazione e discusse con i promotori. I suoi ideatori sono un gruppo di ricercatori dell'Università di Nottingham guidati da Tony Gibson negli anni settanta. Per un approfondimento sulle tecniche utilizzane nel Community Planning nel contesto britannico si veda: http://www.communityplanning.net/methods/methods_a-z.php.

[17] Le *giurie di cittadini* sono state ideate da Ned Crosby nel 1974 presso il Jefferson Center, di Saint Paul in Minnesota, negli Stati Uniti, e sono attualmente diffuse anche in Germania. Un numero ristretto di cittadini (15-25), estratti a sorte ma in modo da essere rappresentativi della popolazione, discute di un tema controverso per un numero variabile di giorni (1-5), prendendo in considerazione i punti di vista degli esperti e di tutti gli attori in gioco. Alla fine del processo di discussione, la giuria esprime una raccomandazione che viene trasmessa ai decisori politici. Si veda a tale proposito il sito del Jefferson Center: http://jefferson-center.org.

[18] Il Bilancio partecipativo è uno strumento introdotto nella città di Porto Alegre in Brasile nei primi anni '90. Questa tecnica è un vero e proprio strumento politico di democrazia diretta che nasce dall'esigenza di coinvolgere i cittadini nelle scelte di destinazione dei fondi pubblici, individuando settori di investimento ripartiti in tutti i quartieri della città, in modo da evitare scelte poco trasparenti e clientelari. Il problema da affrontare è di tipo conflittuale, proprio perché la somma da destinare è fissa e ogni quartiere ha interessi concorrenti. Per risolvere il problema si ricorre ad un'analisi multicriteri che prende in considerazione il numero di abitanti, la carenza di servizi e la priorità tra i vari tipi di investimenti (decisa dagli abitanti di ogni quartiere) e il peso da assegnare ad ognuno dei tre criteri (deciso dall'amministrazione). Tra primavera e autunno, tramite assemblee, riunioni informali di strada o incontri di associazioni, ogni quartiere decide quali sono le sue priorità, mentre in autunno, i tecnici municipali applicando i criteri e i pesi definiti, stabiliscono la ripartizione dei fondi. Il grande vantaggio del bilancio partecipativo è la diminuzione degli sprechi e delle disuguaglianze tra i vari quartieri della città, poiché sono generalmente quelli più popolosi e privi di servizi ad avere la priorità. Si veda a tale proposito: B. De Sousa Santos, "Participatory Budgeting in Porto Alegre: Toward a Redistributive Democracy", in: *Politics Society*, n. 26, 1998, pp. 461-510.

Se ci soffermiamo a considerare le metodologie partecipative sopra elencate, è pur vero che gli strumenti e le esperienze vis à vis della partecipazione restano insostituibili dal momento che facilitano la conoscenza reciproca e il confronto tra le persone, tuttavia nelle occasioni in cui viene offerta ai cittadini la possibilità di partecipare è chiaro che il primo nodo da sciogliere è quello delle modalità e del "luogo" in cui i cittadini potranno esercitare tale partecipazione. Infatti, a fronte di una disponibilità di alcune Pubbliche amministrazioni di farsi promotrici di dinamiche partecipative, gli strumenti e le metodologie di comunicazione e iterazione si sono rivelati spesso inadeguati o inaccessibili per i partecipanti o i potenziali partecipanti, determinando esclusione o pregiudizio per una partecipazione allargata ed efficace.

La difficoltà a prender parte o a presenziare con continuità ha ragioni diverse legate alla distanza, agli orari, agli impegni, all'età, alla salute. Nei casi in cui la partecipazione avviene, possono insorgere altri fattori di criticità che riguardano: i. la disomogeneità nell'accesso alle informazioni importanti che permettono di influenzare gli esiti del dibattito; ii. la difficoltà di illustrare le proprie opinioni a causa della mancanza di tempo durante gli incontri o del numero troppo elevato di partecipanti o ancora delle difficoltà personali di parlare in pubblico, iii. la rara capacità degli organizzatori di concludere gli incontri con l'assunzione di deliberazioni o scelte precise.

Ecco dunque che la e-Participation, intesa come partecipazione dei cittadini alle attività della pubblica amministrazione attraverso l'utilizzo delle Tecnologie dell'Informazione e della Comunicazione (ICT), si configura come uno degli elementi qualificanti nel favorire processi decisionali inclusivi (Rocca, 2010)[19]. Tale modalità propria del Web 2.0 è facilitata da strumenti giuridici, in particolare, dalle modifiche introdotte dal Decreto legislativo 30 dicembre 2010, n. 235, al Codice dell'Amministrazione Digitale. In tale normativa è sancito il diritto all'uso delle tecnologie nelle comunicazioni con le amministrazioni e quello alla partecipazione del cittadino al procedimento amministrativo, riconoscendo di fatto l'importanza del coinvolgimento dei cittadini nella vita politica e amministrativa.

Anche il Decreto legislativo 27 ottobre 2009, n. 150, in materia di ottimizzazione della produttività del lavoro pubblico e di efficienza e trasparenza delle pubbliche amministrazioni, costituisce uno strumento giuridico

[19] Per un'analisi del web come supporto ai processi e alle pratiche di partecipazione, si veda il volume curato da Lorena Rocca, in cui si affronta il tema della partecipazione nella rete, mettendo in luce i risultati di alcune pratiche realizzate nel contesto veneziano. In particolare, si veda l'analisi del progetto Pandora (PArticipatory Networks and Databases fOr sustainable Research and Assessment) avviato dalla Fondazione Enrico Mattei nel 2004: L. Rocca (a cura), *Partecipare in rete. Nuove pratiche per lo sviluppo locale e la gestione del territorio*, Il Mulino, Bologna, 2010, spec. pp. 93-214.

importante in tale contesto, dal momento che tra gli elementi di misurazione e valutazione della performance organizzativa individua lo sviluppo qualitativo e quantitativo delle relazioni con i cittadini, i soggetti interessati, gli utenti e i destinatari dei servizi, anche attraverso lo sviluppo di forme di partecipazione e collaborazione (art. 8, lettera e).

Il coinvolgimento dei cittadini per migliorare la gestione e la qualità dei servizi offerti dalla pubblica amministrazione ha come precondizione, l'adozione dell'approccio Web 2.0 per la comunicazione e condivisione delle risorse on-line. Ne deriva che diventa sempre più prioritario per i portali e i servizi web delle pubbliche amministrazioni dotarsi di strumenti che aumentino la partecipazione degli utenti attraverso l'interazione tra pubblica amministrazione e cittadini. Le iniziative di e-Participation devono essere accompagnate da specifiche azioni di inclusione allo scopo di:

- facilitare la partecipazione delle persone mediante soluzioni software e canali di comunicazione;
- ridurre il divario digitale, attraverso misure volte a favorire l'accesso alla rete Internet;
- promuovere il dialogo tra cittadini e istituzioni già a partire dalla fase di avvio della progettazione, attivando strumenti di discussione e confronto on-line.

Sono molti gli strumenti utili a questo scopo che in questo momento il web mette a disposizione: forum, wiki, blog, social network, XML e RSS, podcast, sistemi di georeferenziazione.

La partecipazione attraverso la rete presenta propri specifici requisiti e potenzialità che sono riconducibili alla moltiplicazione delle possibilità di interazione tra gli utenti, di visibilità e di aggregazione.

In tale contesto, il Geoweb, vale a dire la componente del web caratterizzata da contenuti e applicazioni geografiche e cartografiche, sta assumendo una grande rilevanza. Più specificatamente, se nella sua declinazione 1.0 il web aveva una vocazione essenzialmente informativa e consultativa – gli utilizzatori erano limitati alla visualizzazione dei contenuti geografici e cartografici disponibili – sotto l'azione del Web 2.0 il Geoweb diventa partecipativo, offrendo agli utenti funzionalità di partecipazione e di contribuzione attiva alla creazione di contenuti e strumenti (Roche, 2010)[20].

[20] La nuova frontiera del Web 3.0 include significati diversi volti a descrivere l'evoluzione dell'utilizzo del web e l'interazione fra gli innumerevoli percorsi evolutivi possibili, tra i quali: la possibilità di trasformare il web in un database, facilitando l'accesso ai contenuti da parte di molteplici applicazioni che non siano dei browser; il poter sfruttare al meglio le tecnologie basate sull'intelligenza artificiale; lo sviluppo del web semantico; l'implementazione del Geospatial Web. In linea generale, il Web 3.0. si sviluppa a partire dalla capacità di creare modalità di gestione e interrogazione automatizzata di quantità importanti di dati comparabili proprio all'intelligenza artificiale.

4.4. I sistemi cartografici nel Geoweb 2.0 e il ruolo dell'interattività

Se per secoli la carta è stata utilizzata per progetti e finalità di varia natura (di pianificazione, di controllo e censimento, di mobilità, ecc.), in virtù delle riflessioni sulle sue capacità persuasive e comunicative e grazie alle possibilità offerte dalle tecnologie dell'informazione e della comunicazione, essa ha acquisito il ruolo di strumento in grado di contribuire alla conoscenza delle poste in gioco e dei significati profondi di un territorio, alla realizzazione della governance e quindi alla presa di decisione concertata (Casti, Lévy, 2010)[21].

A partire dal nuovo millennio, la carta è entrata sempre di più all'interno delle pratiche di pianificazione partecipata nei territori urbani sfruttando lo sviluppo e la crescita delle Tecnologie dell'Informazione Geografica (TIG), ossia l'insieme dei metodi e delle tecnologie di trasmissione, trattamento, conversione e rielaborazione di informazioni per l'acquisizione e la gestione di dati geografici in forma digitale. Infatti, il fenomeno di democratizzazione delle tecnologie del Geoweb 2.0 è all'origine di un cambiamento di paradigma importante, in linea con i caratteri propri della mondializzazione. In primo luogo, l'urbano costituisce il territorio privilegiato delle rappresentazioni del Geoweb 2.0 poiché è in tali contesti che si realizzano le forme partecipative più attive volte alla condivisione di informazioni riguardanti la fruibilità delle risorse, l'uso degli spazi pubblici, le emergenze ambientali o le crisi politiche. In secondo luogo, la gestione della distanza viene attuata sempre di più mediante l'uso della carta nel web o nei dispositivi mobili dotati di GPS: una pratica ormai diffusa che rivoluziona il rapporto tra individuo e mobilità, filtrata dal dispositivo mobile che oramai ciascuno di noi possiede. Infine, l'emergenza dell'individuo si mostra in modo palese nel Geoweb 2.0 dal momento che esso è popolato da sistemi cartografici ad interattività aperta, che vedono la partecipazione di singoli abitanti che trasferiscono nel sistema cartografico informazioni, descrizioni, immagini della loro esperienza personale dei luoghi che si rende pubblica e di utilità collettiva, proprio grazie al mezzo cartografico on-line.

[21] Il volume *Le sfide cartografiche. Movimento, partecipazione e rischio* racchiude i contributi della prima Biennale di cartografia del network europeo di sperimentazione cartografica Eidolon che trova in Emanuela Casti, Jacques Lévy, Stéphane Roche i suoi fondatori. Il secondo incontro Eidolon si è tenuto a Losanna nell'aprile del 2011, sul tema "Mapping Ethics. New Trends in Cartography and Social Responsability" ed ha raccolto i contributi nel volume: J. Lévy (a cura), *A Cartographic Turn. Mapping and the Spatial Challenge in Social Sciences*, EPFL Press, Losanna, 2016. Il terzo incontro tenutosi a Québec nel luglio 2014 è stato incentrato sull'intelligenza dell'urbano ed i suoi contributi possono essere consultati nella rivista Espaces Temps: J. Lévy, "Cartographier l'intelligence urbaine", in: *EspacesTemps.net*, Traverses, 17.05.2014, http://www.espacestemps.net/articles/cartographier-lintelligence-urbaine/.

Al fine di meglio comprendere il ruolo della cartografia nel Geoweb 2.0 ed il livello di partecipazione che gli individui possono raggiungere nell'utilizzare i sistemi cartografici collaborativi, si ricorre alla sistematizzazione proposta da Emanuela Casti, nel ricostruire il passaggio dalla carta statica a quella digitale fino alla sua introduzione nel web. L'autrice identifica infatti nel WebGIS il massimo livello di mutabilità, dinamicità e interattività dei sistemi cartografici descrivendolo come "il sistema ascrivibile a pieno titolo nelle pratiche di democratizzazione, quali la partecipazione nella progettazione, la trasparenza nella cogestione e la presa di decisione condivisa" (Casti, 2013, pp. 172-187, cit. p. 185).

In questo contesto, l'attenzione è posta sull'interattività, ovvero sulla possibilità di intervento da parte dell'utente nella definizione della carta, potenzialità che gli consente di comunicare la propria visione del territorio e di intervenire attivamente nel processo partecipativo. L'interattività è in continuo aumento grazie all'implementazione delle tecnologie che incrementano il grado di autonomia dell'internauta nella scelta delle informazioni, delle loro modalità di rappresentazione e nella loro condivisione con altri utenti.

Infatti, a partire dall'analisi dell'interattività dei sistemi cartografici collaborativi attualmente presenti nel Geoweb 2.0, emergono due grandi tipologie: i sistemi semi-aperti e quelli aperti.

I primi presentano un fondo-carta prestabilito (con qualche opzione a scelta dell'utente per esempio tra base satellitare o base topografica), un insieme di informazioni cartografiche di base non modificabili che l'utente può solamente rendere visibili o meno (come per esempio le infrastrutture stradali), ma mostra un'apertura sull'inserimento di segni, immagini, testi personalizzati. In tale categoria, rientrano i sistemi di copertura cartografica del sistema mondo, di cui i più noti sono Google Map e Google Earth, ma rientrano altresì quei sistemi realizzati ad hoc mediante *mashup* cartografici[22],

[22] Si definisce "mashup" una cartografia on-line che combina due o più fonti di informazione in una rappresentazione unica, costruita grazie ad interfacce "application programming interfaces" (APIs) e un linguaggio "extensible markup language" (XML) propri della tecnologia del Web 2.0 (Liu, Palen 2010; Haklay et al. 2008). Un *mashup* non necessariamente coincide con un WebGIS dal momento che non necessariamente presenta un database on-line interrogabile direttamente dall'utente in modo autonomo. I *mashup* cartografici servono a combinare dati geografici con informazioni e statistiche di tutt'altro genere. Utilizzando, ad esempio, le API di Google Maps – o qualsiasi altro servizio di cartografia digitale – è possibile realizzare delle carte interattive nel web, grazie alle quali mostrare dati statistici e demografici collegati direttamente con le zone di rilevazione. L'emergere di piattaforme di condivisione fotografica e social network di natura analoga – basti pensare a Pinterest, Instagram e Flickr – ha portato alla nascita di *mashup* multimediali, dove foto e video vengono legati a dati e informazioni di natura eterogenea. Per un approfondimento si veda: C. Miller, "A Beast in the Field: The Google Maps Mashup as GIS/2", in: *Cartographica*, vol. 41, no. 3/2006, pp. 187-199.

creati a partire da basi Google o Bing, personalizzati per uno specifico progetto e riferiti ad un'area territoriale specifica. In entrambi i casi, il grado di apertura dell'informazione generata dall'utente – privata o pubblica – viene stabilito dai gestori del sistema. Nel primo caso, le società di produzione consentono al singolo utente di registrare le proprie elaborazioni in modo individuale e di condividerle con altri utenti a sua scelta, ma non consente di renderle automaticamente pubbliche e visibili nel sistema se non in seguito al pagamento di un servizio. Nel secondo caso, i programmatori del *mashup* in accordo con i proprietari del sistema che ne hanno richiesto la realizzazione, possono intervenire sul grado di autonomia dell'utente nella registrazione delle informazioni e nella resa pubblica delle sue elaborazioni.

La seconda tipologia dei sistemi cartografici collaborativi è quella a interattività aperta, che prevede la possibilità dell'utente di intervenire nella modifica di qualsiasi informazione cartografica presente (rete stradale, edificato, ecc.) e prodotta precedentemente da altri utenti (si tratta di sistemi come Wikimapia, OpenStreetMap) (Goodchild, 2007; Roche, 2010). In questo secondo caso, il processo cartografico non è più ad uso individuale ma rientra in un processo di costruzione collettivo e continuo, caratterizzato dalla tracciabilità delle modifiche realizzate dal singolo utente. Come ricorda Stéphane Roche, i sistemi wiki sono il più alto livello disponibile attualmente per la gestione dell'informazione geografica volontaria, dal momento che rendono trasparente e pubblica non solo l'informazione inserita dall'utente sulla carta (scaricabile da qualsiasi soggetto che si connetta alla pagina web del sistema), ma anche il processo di cartografazione specificando in una sezione dedicata i dettagli delle azioni svolte dal singolo utente, con la data dell'intervento, il tipo di modifica, l'autore della modifica.

Una seconda distinzione dei sistemi cartografici nel web può essere legata all'obiettivo individuale o collettivo dell'operazione cartografica. Nel primo caso, si può parlare di sistemi cartografici partecipativi e gli utenti utilizzano i sistemi ad interattività semi-aperta già disponibili sul web, attuando pochi interventi sulla rappresentazione cartografica già presente on-line, solo ai fini dei propri bisogni soggettivi di conoscenza o di fruizione di un territorio (turismo, lavoro, formazione, salute, shopping, ecc.). Nel secondo caso, si può parlare di sistemi collaborativi dal momento che gli utenti pur agendo in modo individuale a partire dal loro *device*, operano all'interno di un progetto collaborativo, inserendo informazioni che assumono significato solo se analizzate in modo congiunto con quelle inserite da altri utenti, e dunque viste come espressione di un progetto collettivo.

Nonostante il rivoluzionario ruolo assunto dai sistemi cartografici nel web, ed alla diffusione della letteratura rivolta ad indagare gli aspetti tecnici di tali sistemi, sono pochi i contributi che tentano di fornire una interpretazione della loro interattività. Nel prossimo capitolo tenteremo di farlo.

5. Mashup *cartografici per il recupero dello* spatial capital *nei contesti urbani*

5.1. Cartografia e partecipazione nei contesti urbani: dalle *sketch maps* alla *cybercartography*

A partire dagli anni Sessanta si è diffuso un filone di studi rivolto all'analisi delle dinamiche urbane ancorate alle esigenze degli abitanti[1], e si è aperto un dibattito sulle rappresentazioni dell'urbano in grado di far emergere il loro punto di vista.

Kevin Lynch è considerato un precursore di tale approccio. Nel volume *The Image of the City* l'autore propone un metodo, applicato a tre città statunitensi (Boston, Jersey City, Los Angeles), per recuperare il punto di vista degli abitanti nella progettazione urbana (Lynch, 1960)[2]. L'Autore articola la ricerca in due momenti: i) un'analisi di terreno svolta da ricercatori competenti; ii) l'elaborazione delle informazioni ottenute mediante interviste agli abitanti. Per quanto riguarda l'analisi del contesto urbano, Lynch sottolinea l'importanza dell'osservazione di terreno, che deve essere condotta per circa 3-4 giorni da un soggetto competente in grado di osservare attentamente le dinamiche urbane: egli deve analizzare i luoghi emergenti ("landmarks"), i nodi, i percorsi, i limiti, i quartieri presenti e rappresentarli su una carta per

[1] Tali studi sono incentrati sul diritto e sulla giustizia spaziale in ambito urbano, e sono volti al riconoscimento dei diritti delle minoranze etniche o delle componenti sociali disagiate nei confronti dell'accessibilità ai servizi pubblici (residenziali, sanitari, educativi, dei trasporti) (Lefebvre, 1968; Harvey, 1973; Castells, 1975). Successivamente, alla fine degli anni Novanta in ambiente accademico anglofono si sviluppa un approccio post-strutturalista nell'analisi della città che recupera il pensiero di alcuni filosofi francesi come Deleuze, Guattari, Foucault (Amin, Thrift, 2005; Harvey, 2008; Soja, 2011). Tale approccio sarà adottato da alcune scuole europee come quella francese riunita attorno alla rivista-net "*justice spatiale - spatial justice*", curata dall'Université Paris-Ouest Nanterre dal 2009 (http://jssj.org/) e quella italiana, in particolare della scuola di Giuseppe Dematteis, con lo sviluppo degli studi di Francesca Governa sul ruolo della territorialità attiva nei processi di sviluppo locale e nell'azione collettiva in ambito urbano (Governa, 2011, 2014a e b).

[2] In *The Image of the City*, The MIT press, Cambridge MA, 1960 (*L'immagine della città*, Marsilio, Padova, 1969) l'autore afferma il bisogno di dare "forma visiva alla città per migliorare la progettazione urbana" (Lynch, 1960, prefazione).

ottenere una cartografia di conoscenza. In un secondo momento, si realizzano interviste ad un gruppo di abitanti, durante le quali essi realizzano "*skecth maps*" cui seguono escursioni nei luoghi mappati (Lynch, 1960, pp. 140-159). Tali rappresentazioni hanno l'obiettivo di ricostruire i percorsi e far assumere significato alla mobilità dei suoi abitanti e alla loro centralità nel far assumere significato funzionale ai luoghi[3].

Al metodo pioneristico proposto da Lynch sono seguiti numerosi studi che indagano il ruolo della cartografia nella progettazione urbana per far emergere gli interessi multipli degli abitanti (Soderstrom, 2000) e trovare le modalità grafiche per restituirne le dinamiche contemporanee (Debarbieux, Lardon, 2003; Lévy, Poncet, Tricoire, 2004).

L'interesse per i territori urbani si è ancor più accentuato con la nascita di un nuovo filone di studi noto sotto il nome di "Critical GIS" che, seppure non fosse riferito specificatamente alla città, ha aperto il dibattito sul ruolo delle nuove tecnologie cartografiche nel trasmettere informazioni volte a risolvere questioni di interesse collettivo (Pickles, 1995; Sheppard, 1995)[4]. All'inizio del nuovo millennio si sono intensificati gli studi incentrati sull'uso dei GIS per la realizzazione di progetti di governance che trovano sede editoriale nel volume *Community participation and Geographic Information Systems* (Craig, Harris, Weiner, 2002)[5]. Tale volume illustra la diffusione dei GIS partecipativi applicati a progetti di governance ambientale, di pianificazione territoriale, di cooperazione e sviluppo locale, dove grande spazio è assegnato alla riqualificazione di quartieri urbani all'interno di due contesti geografici di applicazione: quelli nord-americano e inglese[6]. Si tratta di casi di studio utili a comprendere la varietà delle tecnologie utilizzate.

[3] L'utilità del metodo per l'A. deriva nell'integrare aspetti qualitativi alle tradizionali analisi quantitative basate sulla lettura delle fotografie aree, sulla creazione di grafici a partire da dati statistici, entrambi inadeguati e troppo superficiali per mostrare la complessità dell'urbano. Inoltre, Lynch sottolinea il carattere soggettivo di entrambe le fasi del metodo, poiché essendo espressione rispettivamente di un sapere tecnico e di un sapere locale, sono strutturalmente soggettive (Lynch, 1960, p. 143).

[4] Tale dibattito nasce dalla critica mossa ai primi GIS, nati per scopi militari e politici, senza tener conto dei risvolti pragmatici sulla società locale e sui territori. Per una sintesi di tale dibattito si vedano: N. Smith, "History and philosophy of geography: real wars, theory wars", in: *Progress in Human Geography*, 16/2, 1992, pp. 257-271; N. Schuurman, "Critical GIS: theorizing an emerging science", in: *Cartographica*, 36/4, 1999, numero monografico, pp. 1-99.

[5] Qualche anno dopo, la rivista internazionale *Cartographica*, promossa dall'Associazione Cartografica canadese, dedica un numero speciale ai "Critical GIS", dimostrando il tentativo di superare il divario tra analisi epistemologica e innovazione tecnologica: *Cartographica*, 40/4, 2005. Si vedano in particolare: E. Sheppard, "Knowledge production through Critical GIS: Genealogy and Prospects", pp. 5-21 e N. Shuurman, "Social Perspectives on Semantic Interoperability: Constraints on Geographical Knowledge from a Data Perspective", pp. 47-61.

[6] Seppure non manchino esempi di alcune aree rurali dell'Africa e dell'Asia.

Tuttavia, va sottolineata la mancanza di linee guida utili ai ricercatori per la loro applicazione, facendo emergere un sostanziale bisogno di spunti di riflessione metodologici e epistemologici che potrebbero contribuire all'avanzamento del dibattito sui "Critical GIS".

Da allora, i GIS partecipativi hanno conosciuto una diffusione in molti contesti geografici, anche grazie alla loro promozione all'interno del web, in forum per lo scambio di opinioni, esperienze ed informazioni, tra le quali il più noto è il PPGIS.NET[7]. Ma, come sottolinea Emanuela Casti, la vera rivoluzione è avvenuta con il loro inserimento all'interno del web (Casti, 2010, pp. 33-46). Infatti la diffusione delle tecnologie del cosiddetto Geoweb 2.0 è all'origine di un cambiamento di paradigma importante: si è passati, infatti, dalla produzione di informazione geografica su richiesta propria dei PPGIS, a quella collaborativa e volontaria (VGI – *Volunteered Geographic Information*) grazie alla diffusione di numerosi sistemi, come Wikimapia, OpenStreetMap, Google Map Maker o Google Earth (Goodchild, 2007; Roche, 2010), per citare i più noti. Tale evoluzione si è inserita nel dibattito di inizio millennio sulla "web cartography" e sul "cyberspace" (Dodge, Kitchin, 2000; Kraak, Brown, 2001; Crampton, 2004) ed ha trovato un terreno molto fertile nel contesto canadese, presso il gruppo di ricerca coordinato da Fraser Taylor della Carleton University di Ottawa, che ha formulato un nuovo ambito di studi incentrato sulla *cybercartography* (Taylor, 2005; Taylor, Lauriault, 2014)[8]. Si tratta di un paradigma cartografico dell'era dell'informazione digitale riconoscibile nell'uso di interfacce multimediali per la presentazione e l'organizzazione dell'informazione cartografica. Esso si inserisce nel filone di studi dei sistemi di mapping "aperti" che consentono agli utenti di inserire informazioni o caricare documenti direttamente nel webmapping[9].

Gli aspetti più innovativi della cybercartography emergono chiaramente a partire dall'analisi degli elementi costitutivi del mapping, identificati dall'interpretazione semiotica (Casti,1998a, 2013, pp. 189): l'interprete cartografico; i criteri metrici utilizzati; la rilevazione dei dati e la loro trasposizione iconica. Per quanto riguarda il primo elemento ossia l'interprete carto-

[7] Si veda a tale proposito il sito internet dello IAPAD (Integrated Approaches to participatory Development) che gestisce il sito www.ppgi.net e un forum dedicato ai PPGIS.

[8] Il volume del 2014 è una seconda edizione, rivista e ampliata, del volume collettaneo uscito nel 2005 che si differenzia per la dichiarata applicazione della *cybercartography* al recupero dei saperi tradizionali delle comunità indigene (specialmente quelle delle Americhe: Inuit e First Nations canadesi).

[9] Taylor infatti afferma l'importanza degli "atlanti cybercartografici", intesi come delle raccolte di carte multimediali consultabili nel web che producono una conoscenza dell'area prescelta, a varie scale e mediante linguaggi diversi, prodotta e inserita direttamente dagli utenti ed applicabile sia a contesti rurali che urbani.

grafico, la *cybercartography* è una forma di empowerment, che offre la possibilità di riflettere sulla complessità e articolazione interna che tale figura ha assunto nella cartografia partecipativa. Infatti, oltre ai ricercatori, partecipano alla realizzazione del mapping i webdevelopers, gli analisti territoriali, i membri della comunità locale ed infine gli interpreti linguistici in un rapporto sinergico e collaborativo. Sul secondo punto, ossia i criteri metrici utilizzati, tutti gli atlanti cybercartografici hanno la caratteristica di essere basati sull'uso di immagini bidimensionali Google come fondo-carta e dunque su una rappresentazione bidimensionale. Tuttavia, un dibattito è ancora aperto sugli aspetti tecnici volti al suo superamento per l'adozione di sistemi tridimensionali. Per esempio, Georg Gartner illustra le nuove frontiere tecnologiche della "outdoor e indoor navigation", mostrando la possibilità di utilizzare altre piattaforme cartografiche quali i *Location Based Services* (LBS) disponibili nei cellulari o tablets che consentono all'utente di muoversi e di raccogliere informazioni visualizzandole mediante piattaforme tridimensionali o attraverso la realtà aumentata (Gartner, 2014, pp. 97-105). Il contributo di Garner conferma la possibilità di aprire la strada a nuove forme di rappresentazione, più vicine alla percezione dei luoghi da parte degli utenti. Per quanto riguarda la trasposizione dei dati, nella *cybercartography* essi provengono da fonti diverse (dai ricercatori mediante l'osservazione di terreno, dalle comunità indigene, dalle istituzioni e dagli enti coinvolti nella problematica da risolvere) e sono inseriti nella carta mediante *mashup* che prevedendo strati informativi multipli e linguaggi differenti (tabelle, fotografie, video, documenti di testo) facendo diventare il mapping un grande contenitore di informazioni grazie al ricorso di nuove forme cartografiche basate sulle nuove tecnologie, come quelle che abbiamo già richiamato (realtà aumentata, riproduzione dei suoni ed esperienza multisensoriale).

Infine, sulla trasposizione iconica dei dati è utile sottolineare il carattere multimediale, interattivo della *cybercartography* e del fatto che il suo obiettivo sia quello di rafforzare le capacità delle comunità locali nella rivendicazione dei propri diritti e nel riconoscimento della propria cultura. Gli atlanti cybercartografici, dunque, da un punto di vista informativo sono un genere innovativo di cartografia, che sgombera il campo delle affermazioni che tendono a sostenere che la cartografia non ha la possibilità di esprimere i valori culturali tradizionali. Tuttavia, vanno segnalate due esigenze: la necessità di applicarli ai contesti urbani e il bisogno di migliorare l'aspetto comunicativo e dunque la trasposizione iconica poiché non utilizzando la tridimensionalità si esclude la possibilità di richiamare il paesaggio quale sintesi di tali valori[10].

[10] Come viene fatto notare da Emanuela Casti, nei diversi casi di studio analizzati, sia in contesto europeo che africano: Casti, 2013, pp. 189-238; 239-283.

È in tale contesto che si inseriscono le riflessioni che seguiranno nei prossimi capitoli, dove si illustreranno alcuni progetti realizzati nel contesto urbano lombardo, che dimostrano l'uso di una metodologia per realizzare processi partecipativi volti alla governance urbana ricorrendo all'uso di sistemi cartografici in linea con queste recenti evoluzioni della *cybercartography*.

5.2. La strategia SIGAP adattata ai contesti urbani

In concomitanza con l'evoluzione tecnica degli studi nell'ambito dei PPGIS e alla loro introduzione nel web, nel contesto italiano negli stessi anni si formulavano proposte teorico-metodologiche utili a facilitare l'uso dei sistemi cartografici partecipativi nel web (Casti, 2010). In particolare, il team di ricerca del Laboratorio *Diathesis* dell'Università di Bergamo veniva coinvolto in una serie di progetti di partecipazione volti alla governance territoriale e urbana che necessitavano lo sviluppo di una metodologia oltre che di strumenti volti alla partecipazione. È in tale contesto che si è reso necessario adattare la strategia SIGAP agli ambiti urbani europei, dal momento che, come illustrato nella prima parte del volume, era nata nell'ambito della protezione ambientale in Africa subsahariana (Casti, 2006; Burini, 2006; Ghisalberti, 2011).

L'obiettivo della SIGAP applicata all'urbano è stato quello di realizzare processi partecipativi e sistemi operativi in grado di disvelare competenze, saperi e logiche locali legate all'uso degli spazi urbani. È necessario dunque trovare modalità per tradurre operativamente i principi di *empowerment*, partecipazione e governance. L'*empowerment* sociale implica di mettere in atto processi di conoscenza presso i diversi attori che producano sia un riconoscimento del valore del loro territorio, sia una consapevolezza delle proprie conoscenze d'uso di tale territorio; la partecipazione implica dunque il recupero dello "spatial capital"[11], ovvero delle conoscenze e dei saperi territoriali che gli abitanti possiedono, per il solo fatto di aver costruito e abitato nel tempo quel territorio, ma anche le loro competenze per gestirlo e valorizzarlo. La governance implica azioni di condivisione attiva nello sviluppo locale, richiedendo agli attori

[11] Lo *spatial capital* è stato definito da Jacques Lévy come l'insieme delle esperienze geografiche trasformate in patrimonio e l'attitudine a far fruttare questo patrimonio per gestire i luoghi. Il concetto, dunque, offre la possibilità di riflettere sul ruolo dell'individuo che mentre persegue un obiettivo personale mette a disposizione la sua competenza nella produzione dei beni pubblici (Lévy, 2003, pp. 124-126). La comunità dei geografi italiani ha utilizzato in un'altra accezione il concetto di "capitale territoriale", considerandolo come l'insieme di beni localizzati in un territorio specifico ed aventi il valore di fissità, specificità e patrimonialità. Si veda a tale proposito l'analisi di Francesca Governa in: "Territorio e territorialità tra risorse e valori", in: M. Bertoncin, A. Pase (a cura), *Il territorio non è un asino. Voci di attori deboli*, FrancoAngeli, Milano, 2006, pp. 52-68, spec. 58-64.

pubblici e privati una trasparenza nelle decisioni ma soprattutto un coinvolgimento nei tavoli progettuali non solo come spettatori ma stakeholders che possiedono expertise sulla gestione territoriale. L'obiettivo è di generare azioni e iniziative di interesse generale e non rivolte solamente alla promozione di interessi singoli.

La strategia SIGAP permette di rispondere a tali bisogni assumendo ciò che Roche sostiene rispetto all'uso dei sistemi cartografici partecipativi nell'ambito della governance urbana (Roche, 2003). L'Autore sostiene che essi non possono essere pensati separatamente dal processo partecipativo cui sono legati e che si articola in: a) *informazione*: da fornire agli attori coinvolti nel processo decisionale, e che è finalizzata alla conoscenza dell'ambito territoriale e delle poste in gioco di un intervento da attuare sul territorio; b) *consultazione*: volta a chiedere alle parti interessate il loro parere in termini di potenzialità e criticità, rispetto al tema oggetto del processo decisionale; c) *concertazione*: che necessita di aprire un confronto tra le parti che dirigono il processo e gli altri attori consultati precedentemente, al fine di reagire alle domande, provocazioni, critiche potenziali emerse durante la consultazione; d) *cooperazione o partecipazione attiva*: che implica che la decisione finale sia presa in seguito alla concertazione (Roche, 2003, p. 65)[12].

La SIGAP se piegata al contesto urbano offre indicazioni metodologiche importanti su come attivare forme differenti di mappatura collettiva (sia tradizionali che virtuali del Web 2.0). Le fasi originarie della strategia SIGAP (conoscenza, progettazione, concertazione, capitalizzazione e supporto alla decisione) vengono riadattate in quattro fasi volte alla realizzazione di una governance mediante plurime forme di partecipazione. Legandosi perfettamente alle indicazioni fornite da Kevin Lynch relative al fatto che i processi partecipativi devono essere preceduti da uno studio volto a comprendere le dinamiche attoriali, i diversi interessi e strategie presenti nel territorio urbano, e ancorandosi alla definizione di urbano e dunque dai concetti di densità e diversità (Lévy, 1999; Lussault, 2003, pp. 966-967), la strategia SIGAP prevede una prima fase di conoscenza volta ad indagare sia l'area urbana oggetto di studio, che le sue specificità in termini di attori presenti, bisogni e dinamiche nell'accesso e fruizione degli spazi urbani.

[12] Sebbene gli studi di Stéphane Roche si siano rivolti in primo luogo alle città francesi che secondo l'autore non utilizzano sufficientemente le TIG per la realizzazione di processi partecipativi (Roche, 2003, pp. 72-73), l'autore, dopo essere diventato direttore del "Centre de Recherche en Géomatique" dell'Université Laval di Québec si è successivamente interessato al contesto canadese e americano. Per tali competenze Stéphane Roche fa parte dei tre centri di ricerca e sperimentazione sulle nuove frontiere cartografiche della mondializzazione, che hanno fondato il network Eidolon, insieme al Laboratorio *Diathesis* dell'Università di Bergamo e il Laboratoire Choros dell'EPFL di Losanna diretto da Jacques Lévy. Si veda a tal proposito il suo contributo "Leggere e scrivere la carta sull'onda del Geoweb 2.0", in: Casti, Lévy, 2010, pp. 47-61.

La *fase di conoscenza*[13] si declina nelle azioni di informazione, sensibilizzazione e empowerment. Essa prevede in primo luogo la raccolta di documenti, dati, informazioni di base ottenuti mediante ricerche statistiche, bibliografiche e documentali, oppure mediante l'osservazione e l'inchiesta di terreno, volte alla creazione di una base di conoscenza del contesto urbano oggetto della decisione. Inoltre, essa prevede l'identificazione dei soggetti portatori di interesse (pubblici, privati e associativi). In tale prima fase i ricercatori realizzano sistemi di web-mapping volti a veicolare le informazioni ottenute precedentemente e a promuovere in tal modo la conoscenza dei territori, elaborando video-clip divulgativi, pubblicati in pagine web o social media (profili Facebook, Twitter, YouTube). Tali sistemi hanno lo scopo di attivare la creazione di forum digitali per mantenere vivi la discussione e lo scambio sul tema trattato e sull'area oggetto di analisi; dall'altro, si promuovono focus group con redazione di carte partecipative, incontri nelle scuole e nei quartieri, escursioni nei luoghi oggetto dell'analisi per comprendere l'uso dell'area oggetto di analisi da parte dei diversi attori sociali che la abitano[14].

La *fase di consultazione* prevede un lavoro preliminare di progettazione e realizzazione degli strumenti utili a coinvolgere gli abitanti affinché possano esprimere le proprie opinioni e i propri bisogni, consapevoli della storia e delle dinamiche in atto nell'area. A tale scopo, è opportuno identificare sia il sistema virtuale più idoneo per la consultazione nel web, sia un luogo fisico in cui organizzare incontri e dibattiti. Per quanto concerne il primo, la strategia SIGAP lo identifica con un sistema cartografico ottenuto mediante *mashup* cartografici, rispondenti alle seguenti caratteristiche: *accessibilità* (creando per esempio banner nel sito degli enti pubblici coinvolti, nelle pagine web dei giornali e media locali,...) ampliando i contesti da cui si possa accedere; *responsiveness*, ovvero essere consultabile dal maggior numero di supporti digitali, fissi e mobili e dunque adattarsi alle esigenze dei diversi individui che lo consulteranno; *chiarezza comunicativa*, ovvero la cosiddetta *user-friendliness* data dalla trasparenza delle informazioni e da un sistema di domande che faciliti la comunicazione dei saperi e delle conoscenze degli abitanti sul loro luogo di vita. Per quanto concerne il secondo, ovvero uno

[13] Identificata tradizionalmente come la fase di informazione, recuperando la scala della partecipazione di Arnstein, tale fase secondo l'autrice è il passo più importante per legittimare la partecipazione, sebbene spesso si ponga l'enfasi su un flusso d'informazioni a senso unico. Per tale ragione, la strategia SIGAP individua la fase di conoscenza, intendendola come il risultato di uno scambio reciproco di informazioni tra gli attori che porta a una loro sensibilizzazione rispetto al problema e a un loro empowerment per esprimere la propria opinione. Per un'analisi della scala della partecipazione secondo Arnstein si veda: S. Arnstein, "A Ladder of Citizen Participation", in: *JAIP Journal of the American Institute of Certified Planners*, Vol. 35, No. 4, July 1969, pp. 216-224.

[14] Si organizzano spazi espositivi, ovvero forme di scambio di informazioni, volte a sensibilizzare e aumentare la consapevolezza degli abitanti e dunque al loro empowerment per la fase successiva.

spazio fisico in cui permettere la consultazione, esso va identificato secondo i criteri di: *accessibilità*, per assicurare la partecipazione ad un vasto numero di persone che non possono o non vogliono utilizzare i sistemi digitali, prevedendo la distribuzione e la riconsegna dei questionari cartacei in modo capillare in tutta la città, presso enti pubblici, biblioteche, musei, teatri; la *prossimità all'area oggetto di analisi*, al fine di poterne favorire l'accesso prima o dopo la consultazione; la *chiarezza comunicativa*, allestendo i luoghi della consultazione mediante materiali espositivi sia digitali (power point, video, proiezioni) che cartacei (poster, carte, pannelli) e prevedendo la distribuzione di questionari di facile compilazione.

La *fase di concertazione* ha l'obiettivo di facilitare l'ascolto e il confronto tra le parti che dirigono il processo partecipativo (enti locali e altri stakeholders) e gli attori consultati rispondendo alle domande, alle provocazioni, alle critiche emerse durante la consultazione. Tale fase si attiva a partire dalla sintesi dei risultati ottenuti, resa sia in forma digitale che in formato cartaceo e pubblicata al fine di rendere trasparente il processo. Essa costituisce il livello più operativo della partecipazione per l'identificazione dei bisogni, delle soluzioni e dei programmi, dando luogo alla elaborazione di uno scenario finale, illustrato mediante un documento di sintesi.

Infine, la *fase di partecipazione attiva* implica che la decisione finale sia presa sulla base di ciò che è emerso dalla concertazione. In tal caso, un sistema digitale deve produrre una visualizzazione dei dati provenienti dalla consultazione, dei documenti di sintesi sulle decisioni finali cui si è pervenuti, al fine di attivare un sistema di consultazione finale per la selezione delle proposte validate durante la concertazione e poi provvedere alla loro messa in atto. Tale sistema è altresì uno strumento di capitalizzazione dell'esperienza e del processo partecipativo e può essere utilizzato in progress o successivamente anche per scopi didattici.

Nel prossimo capitolo si illustrano alcuni progetti che hanno visto l'applicazione di tale metodologia in ambito urbano. Si tratta di esempi che, seppur legati a stadi differenti di maturazione del processo partecipativo, mostrano la flessibilità della metodologia e la sua implementazione nel tempo.

5.3. Mapping di quartiere per l'analisi dello spazio pubblico e della pluralità sociale: il caso Ticinese-Genova a Milano[15]

Il primo caso di studio riguarda un processo partecipativo condotto tra il 2011 e il 2012 nella città di Milano, e precisamente nella zona dei navigli

[15] L'analisi del progetto è stata più ampiamente descritta nel contributo scritto dall'autrice con Mario Casari. Si veda a tal proposito: F. Burini, M. Casari, "Strumenti cartografici per la governance urbana: spazio pubblico e pluralità sociale nel quartiere Ticinese-Genova a Milano", in: G. Scaramellini, E. Mastropietro (a cura), *Atti del XXXI congresso geografico italiano*, vol. II, Mimesis, Milano, 2014b, pp. 229-241.

(Fig. 16). Nell'area è presente un Comitato di cittadini, associazione definita "Magenta-Genova-Ticinese (MGT-Zona 1)" che ha sollecitato l'intervento di esperti della partecipazione per valutare le problematiche e prospettare soluzioni da sottoporre all'amministrazione. I membri di tale comitato sono interessati a prendersi in carico alcuni problemi concreti che interessano la vita pubblica del quartiere per promuovere contatti e condivisioni di vicinanza (Casari, 2013).

Fig. 16 – L'area di indagine localizzata nella Zona 1 di Milano e corrispondente alle Aree funzionali n. 2, 9 e 10

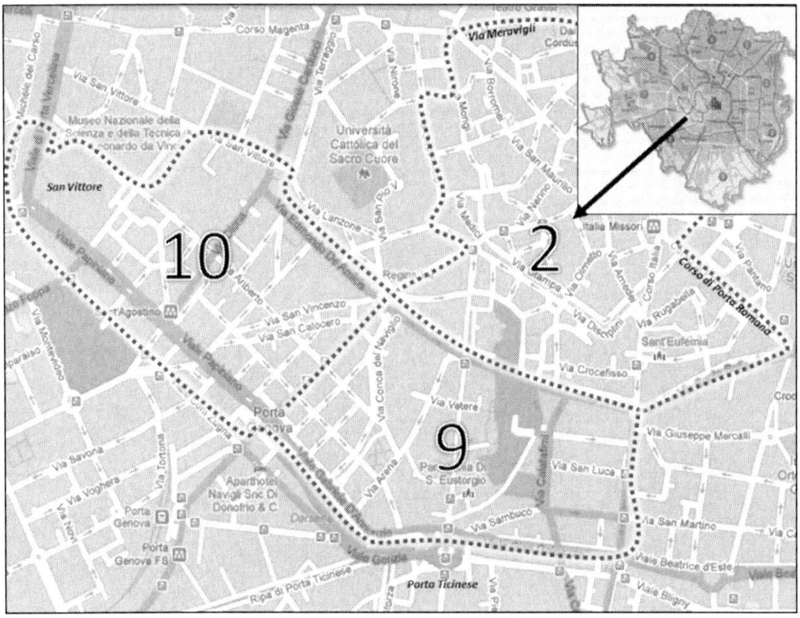

In tale contesto la metodologia SIGAP mediante la prima fase, rivolta alla conoscenza, ha evidenziato che il quartiere presenta un luogo molto importante per l'identità degli abitanti: la Darsena, che tra il 1860 e il 1918 è stata il porto fluviale tra i più grandi d'Europa e attorno ad essa si sono sviluppate attività commerciali e sociali che ancora oggi sono ricordate dai residenti più anziani. Il futuro del quartiere sarà probabilmente segnato dai progetti di riapertura dei navigli e dal rapporto dialettico tra città d'acqua lenta, vivibile per residenti, e una città d'acqua dinamica per i visitatori e per le attività legate alla ristorazione e all'intrattenimento.

All'interno del Comitato sono state identificate due figure di riferimento incaricate della raccolta di suggerimenti e di proposte da parte dei vari membri, nonché della distribuzione di questionari e dell'organizzazione delle varie fasi del lavoro[16]. Al contempo, e mediante escursioni nel quartiere, sono state individuate le aree esposte a degrado, oppure aventi delle criticità legate alla convivenza tra componenti sociali diverse. Gli elementi emersi durante l'osservazione sono stati incrociati con le dichiarazioni rilasciate all'interno dei questionari somministrati ad una cinquantina di cittadini. Al termine dell'inchiesta sono stati realizzati due momenti di incontro (focus group) finalizzati alla redazione di disegni partecipativi che hanno visto l'affluenza complessiva di una settantina di partecipanti[17]. Due i supporti utilizzati per la realizzazione delle mappe: una carta topografica dell'area del quartiere a scala 1:1.000 ed una carta estratta da Google Maps, alla stessa scala utilizzata dai partecipanti quale riferimento per mostrare la localizzazione delle informazioni trascritte nel disegno.

Fig. 17 – Disegno partecipativo con legenda (a) e testo esplicativo (b)

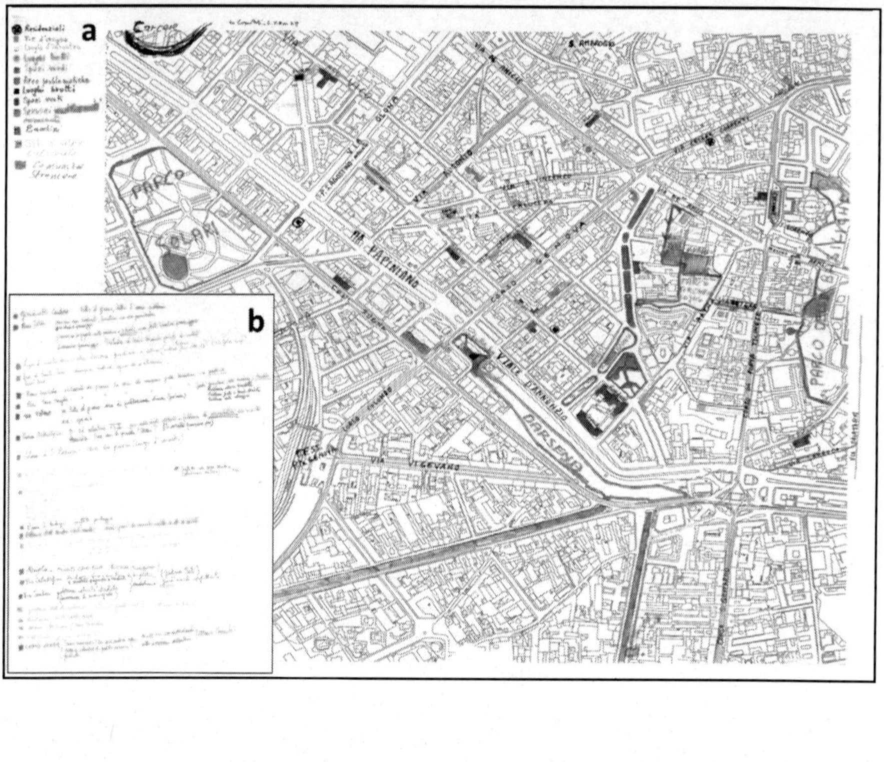

[16] Oltre al Comitato, sono stati coinvolti alcuni commercianti del quartiere, italiani e stranieri, alcune mamme di bambini che frequentano le scuole e i giardini, alcuni anziani e infine alcuni membri del Consiglio di Zona 1.

[17] Il lavoro di mappatura ha coinvolto i ricercatori che hanno illustrato il senso della cartografia partecipativa ed hanno assistito alla sua realizzazione, ed un interlocutore privilegiato del Comitato che si è fatta carico di mediare la realizzazione della carta.

Il documento così realizzato (Fig. 17) ha mostrato la localizzazione e una gerarchia problematica dei luoghi articolata in tre categorie, suddivise al loro interno in una decina di tipologie: a. gli spazi dello star bene (luoghi della memoria, aree di ritrovo della comunità straniera, luoghi d'incontro, luoghi belli); b. gli spazi problematici (luoghi inquietanti, spazi vuoti); c. gli spazi del conflitto. Si è proceduto quindi al recupero di tali informazioni mediante icone realizzate colorando la pianta degli edifici già presenti nel foglio di base mediante cromatismi diversi e trascrivendo il loro designatore. Il disegno è stato corredato di legenda e di un testo di accompagnamento che specificava la problematica o la situazione conflittuale indicando il momento della giornata in cui tale luogo viene frequentato ed elencando gli attori che ne sono fruitori.

Successivamente, si è tentato di recuperare la capacità narrativa della carta ed è stato realizzato un *mashup* cartografico, inserendo preliminarmente le informazioni provenienti dal disegno partecipativo, all'interno di un GIS e successivamente in un sistema su base Google Earth (Fig. 18).

Fig. 18 – Mashup *cartografico del quartiere Ticinese-Genova*

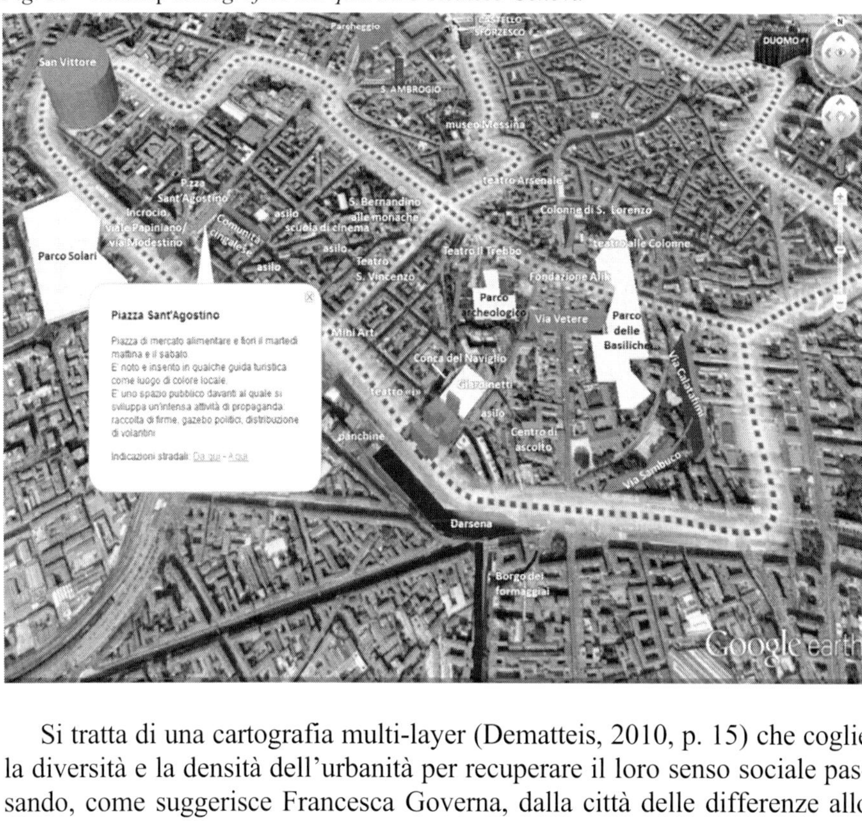

Si tratta di una cartografia multi-layer (Dematteis, 2010, p. 15) che coglie la diversità e la densità dell'urbanità per recuperare il loro senso sociale passando, come suggerisce Francesca Governa, dalla città delle differenze allo spazio urbano della molteplicità (Governa, 2014b). La figura 18 riproduce la carta realizzata mediante un *mashup* cartografico ottenuto integrando il GIS tridimensionale con il sistema collaborativo Google Map Maker e Google Earth[18]. Tale elaborazione, che permette l'integrazione dell'informazione fornita dall'utente in modo volontario, evidenzia alcuni fenomeni urbani propri del quartiere segnalati dagli abitanti e costituisce una base di dialogo tra gli attori del quartiere. Tra i luoghi dello star bene emergono quelli che consentono di creare relazioni e momenti di incontro per anziani e mamme con bambini (teatri, musei, sedi di associazioni, bar, asili), così come delle aree verdi e dei parchi urbani (i parchi Solari, Archeologico, delle Basiliche e i giardini di Conca del Naviglio), ed infine dei luoghi adiacenti la Darsena dei quali i residenti più anziani ricordano le attività che si praticavano (le botteghe del Borgo dei Formaggiai, i luoghi delle lavandaie, il Naviglio pavese dove si facevano gare di tuffi). I luoghi problematici si concentrano attorno a San Vittore e nei giardini di Piazza Cantore in cui è diffusa una latente illegalità (aree di spaccio, smercio di articoli rubati). Infine, i luoghi del conflitto riguardano la mobilità e la mancanza di dialogo tra cittadini e amministrazione in corrispondenza di alcune strade del quartiere dove si vengono a contrapporre interessi diversi: i. dei pedoni e degli automobilisti, nelle strade a traffico intenso dove i primi denunciano la mancanza di un arredo stradale a loro dedicato e i secondi rilevano problemi legati ai parcheggi (via Sambuco e via Calatafimi, Sant'Ambrogio); ii. dei residenti che reclamano un cambiamento delle funzioni degli spazi pubblici in alcune strade della movida (Colonne di S. Lorenzo) oppure in alcuni luoghi della prostituzione (via Vetere).

La comparazione delle tonalità cromatiche con cui sono state individuate le icone delle tre categorie di luoghi (blu, giallo, rosso) ha fatto emergere la visione prevalentemente positiva del quartiere: la diffusione degli spazi dello star bene in tutto il territorio considerato conferma la propensione dei cittadini a mettere in luce i luoghi belli ma poco valorizzati e nascosti.

In sintesi, si può affermare che anche solo la fase di conoscenza dei bisogni degli abitanti richiede il ricorso a una metodologia e a degli strumenti in grado di attivare i processi di coinvolgimento dei diversi attori presenti. Ciò chiaramente esprime la complessità dei processi attuativi della *governance* urbana che vanno poi al di là della conoscenza.

Si è di fronte dunque ad una sfida cartografica che, sebbene possa essere affrontata con l'aiuto dei sistemi collaborativi del Geoweb 2.0 che consentono a più utenti di realizzare un aggiornamento continuo della carta e l'inserimento

[18] La potenzialità dei due sistemi integrati consiste nel poter gestire una grande quantità di dati rappresentabili tridimensionalmente e di poter aggiornarli grazie al contributo degli utenti ricorrendo al sistema fornito da Google.

di informazioni autoprodotte – come nel caso dei *mashup* cartografici – richiede di gestire l'intero processo, per identificare gli attori, per facilitare l'uso delle tecniche utilizzate e, infine, per analizzare la qualità dell'informazione. La sfida non riguarda esclusivamente l'aspetto tecnico. L'esperienza milanese ha dimostrato l'importanza di affidarsi ad una metodologia flessibile ed aperta che ha comportato il confronto con attori aventi *background*, visioni e prospettive talvolta assai diversi, se non addirittura contrastanti, che spesso rischiano di minare lo stesso processo. L'articolazione in fasi modulari intermedie, il ricorso a strumenti diversificati di rappresentazione cartografica e il carattere flessibile della metodologia SIGAP hanno permesso di rivedere e rinegoziare più volte i contenuti della carta per riuscire a restituire le molteplici percezioni degli spazi urbani, così come i loro caratteri dinamici. Le fasi successive del processo partecipativo, ovvero la consultazione, la concertazione e la partecipazione attiva non sono state ancora messe in atto e dovranno tener conto di esperienze maturate nei contesti urbani in cui la partecipazione è più matura.

Come esempio sarà utile considerare il progetto "Code for America", o i più recenti "Code for Europe" e "Code for Africa"[19]. Si tratta di progetti nati da pochi anni per incoraggiare l'uso delle tecnologie *smart* e per facilitare il rapporto tra governo della città e cittadini permettendo a questi ultimi di: accedere ai dati e alle informazioni solitamente gestite dai comuni e relativi alla città; segnalare il malfunzionamento di alcune infrastrutture; partecipare alla progettazione di nuove aree urbane. Si tratta di modelli virtuosi da integrare nelle metodologie di ricerca sopra esposte per creare reti tra sviluppatori, ricercatori, cittadini ed enti governativi. Viceversa, consideriamo altri casi di studio in cui il processo partecipativo è stato realizzato anche nelle fasi successive.

5.4. Cartografia riflessiva nel web per la progettazione urbana: Bergamo Open Mapping e BG Public Space

Prendendo in esame due progetti promossi dalle amministrazioni bergamasche è possibile differenziarli, oltre che per l'obiettivo, per la scala territoriale

[19] *Code for America* è stato attivato nel 2009 dal Governo degli Stati Uniti e coinvolge 30 partner istituzionali e privati, oltre a 100 sviluppatori che hanno realizzato circa 50 applicativi per la maggior parte *open source*. Dal 2011 il progetto ha promosso un'iniziativa rivolta allo sviluppo di applicativi e strumenti utili al governo della città, facendo incontrare alcuni sviluppatori e *designers* con gli amministratori di alcune città candidate: le prime realtà urbane sperimentatrici del progetto sono state Boston, Philadelphia, Washington DC e Seattle, seguite negli anni successivi da molte altre (www.codeforamerica.org). L'iniziativa americana ha innescato la creazione di un progetto cofinanziato dall'Unione europea *Code for Europe* ed attuato al momento in sei città: Helsinki, Amsterdam, Roma, Berlino, Manchester e Barcellona (www.codeforeurope.net). *Code for Africa* infine è il progetto più recente, attivato in quattro paesi: Ghana, Kenya, Nigeria e Sud Africa (www.codeforafrica.org).

di interesse e per le istituzioni promotrici: il progetto "Bergamo Open Mapping", realizzato nell'ambito della candidatura della città di Bergamo a capitale europea della cultura nel 2019, è stato promosso nel corso del 2013 in tutto il territorio provinciale da un consorzio di istituzioni cittadine con l'obiettivo di creare la partecipazione intorno alla candidatura; il progetto "BG Public Space", attivato tra il 2014 e il 2015 , è stato promosso dal Comune di Bergamo per coinvolgere i cittadini nella riqualificazione urbanistica del centro di Bergamo. In entrambi i casi, il processo partecipativo è stato affidato dagli enti locali al team del Laboratorio *Diathesis* dell'Università di Bergamo[20].

5.4.1. *Bergamo Open Mapping e la candidatura di Bergamo a capitale europea della cultura*

Bergamo Open Mapping[21] ha previsto l'attivazione di un processo partecipativo e la creazione di una mappa interattiva e collaborativa propria del Web 2.0.

Il sistema ha dato risposta al requisito più importante cui deve ottemperare una città candidata a tale titolo e riportato nei documenti ufficiali dell'Unione europea[22]. Il contributo dell'Università ha visto l'adozione di una metodologia, ideata a partire dall'applicazione e rimodulazione delle prime tre fasi della strategia SIGAP al progetto di candidatura: conoscenza, consultazione, concertazione[23] (Fig. 19).

[20] Entrambi i progetti possiedono un loro portale dedicato: Bergamo Open Mapping (www.bgopenmapping.it) e BG Public Space (www.bgpublicspace.it). Per un approfondimento sui vari progetti partecipativi realizzati dal Laboratorio *Diathesis*, si veda: www.unibg.it/diathesis.

[21] Conformemente alla decisione del Parlamento europeo e del Consiglio dei ministri, che definisce i criteri per il conferimento del titolo di Capitale europea della cultura, l'Italia e la Bulgaria sono i due Stati membri protagonisti della manifestazione nel 2019. La candidatura di Bergamo è stata proposta a partire dalla creazione di una struttura di gestione del processo, composta da alcune istituzioni cittadine e precisamente il Comune, la Provincia, la Camera di Commercio, l'Università e la Diocesi che si sono consorziate in un "Comitato Bergamo 2019" che promuove e sostiene la candidatura. Per quanto riguarda l'Università di Bergamo, essa ha visto la partecipazione di Emanuela Casti come delegata del Rettore Stefano Paleari.

[22] Si legge: "Il programma incoraggia la partecipazione dei cittadini residenti nella città e nei dintorni e mira a suscitare il loro interesse, così come quello dei cittadini che vivono all'estero (cfr. articolo 4 della decisione 1622/2006/CE)".

[23] Essendo un processo partecipativo attivato dall'Università, oltre ai membri del Laboratorio *Diathesis* e di altri docenti dell'ateneo, sono stati coinvolti gli studenti che hanno voluto contribuire in prima persona a questa corsa alla Candidatura. La partecipazione degli studenti è stata allargata successivamente anche agli altri ordini scolastici, grazie al supporto dell'Ufficio scolastico provinciale di Bergamo.

Fig. 19 – Le fasi di applicazione della strategia SIGAP al progetto di candidatura di Bergamo a Capitale europea della cultura 2019

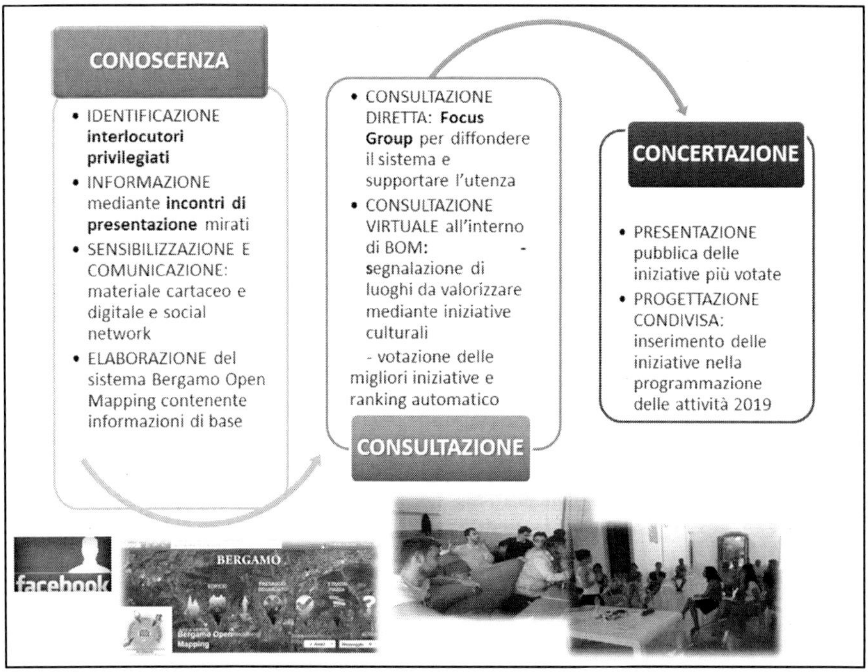

Per quanto riguarda la fase di conoscenza, essa ha previsto l'identificazione degli interlocutori privilegiati per organizzare i focus group: istituzioni (assessorati, amministratori), associazioni culturali, scuole, parrocchie, biblioteche; presa di contatto con gli interlocutori; creazione di un database dei contatti. Tali attori sono stati coinvolti attivamente in una serie di incontri volti a informarli rispetto allo scopo del progetto e a sensibilizzarli per promuovere poi la fase di consultazione. È stata realizzata un'ampia attività di comunicazione, mediante la produzione di materiale cartaceo e digitale: invio di mail informative e di lancio del sistema, distribuzione di volantini, aggiornamento dei contatti attraverso i social network (Facebook, Twitter), invio di materiale da inserire nel sito ufficiale della candidatura per promuovere il processo partecipativo. La fase di conoscenza ha consentito di informare e sensibilizzare gli abitanti portando ad un loro empowerment più alto in vista della consultazione vera e propria.

La consultazione è stata realizzata mediante il sistema operativo Bergamo Open Mapping (BOM) come piattaforma web cartografica[24] che rispondesse

[24] La realizzazione di tale sistema ha previsto la programmazione di un database georiferito su base Google e di una serie di filtri informativi specifici, reso accessibile agli utenti a

a: i) l'accessibilità (creando un banner nel sito del progetto di candidatura, nelle pagine web dei media locali, e nel sito dell'Università di Bergamo) ampliando i contesti da cui si poteva accedere; la *responsiveness*, affinché BOM fosse consultabile dal maggior numero di supporti digitali, fissi e mobili e dunque adattarsi alle differenti esigenze degli utenti; ii) chiarezza comunicativa, ovvero la cosiddetta *userfriendliness* data dalla trasparenza delle informazioni e da un sistema di inchiesta che faciliti la comunicazione dei saperi e delle conoscenze degli abitanti sul territorio.

Fig. 20 – La base cartografica di conoscenza del territorio bergamasco presente in Bergamo Open Mapping

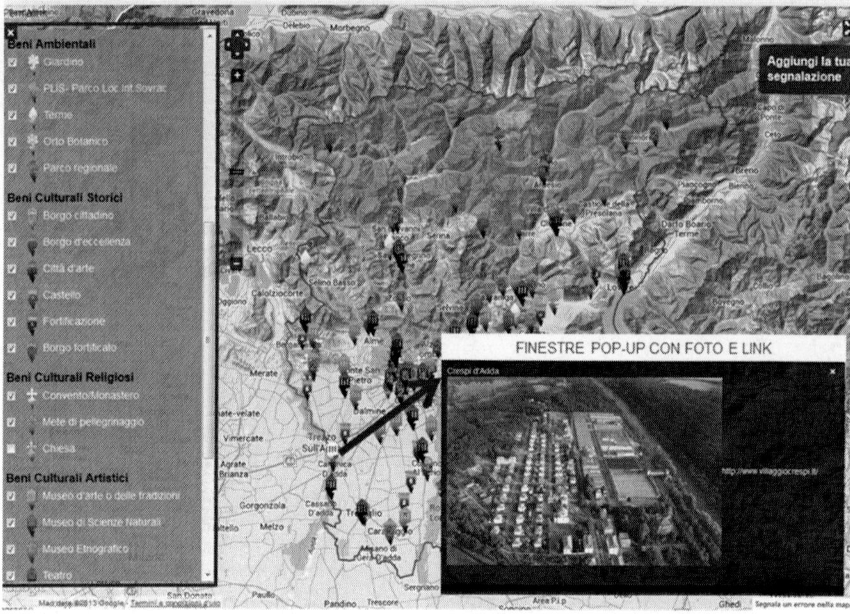

Il sistema possiede una sezione cartografica ("Consulta la mappa") al cui interno è possibile visualizzare le informazioni prodotte dagli utenti: risorse naturali (giardini, PLIS, terme, orti botanici, parchi) e culturali (con valenza storica: borghi, città d'arte, castelli e fortificazioni, borghi fortificati; religiosa: conventi, mete di pellegrinaggio, chiese; artistica: musei e teatri, i principali itinerari artistici di Lorenzo Lotto, dei Fantoni e di Gaetano Donizetti ed altri

partire dal portale http://www.bergamo2019.eu/, nella sezione "Partecipa", sottosezione "La mia Bergamo". Lo sviluppo informatico del sistema, la programmazione della piattaforma cartografica e la messa on-line sono stati gestiti da una webdesigner, Elena Vittoria Belotti, affiancata da Roberta Carminati per il monitoraggio del sistema.

beni evocatori di un'eccellenza locale, come ecomusei, roccoli e Siti Unesco) (Fig. 20)[25].

La consultazione ha previsto sia una modalità di coinvolgimento diretto mediante l'organizzazione di incontri collettivi (focus group)[26], sia una fase di consultazione virtuale svolta nel web. Ogni focus group è stato articolato in due momenti: il primo rivolto alla presentazione e introduzione all'uso di Bom, il secondo volto a indirizzare i partecipanti a proporre interventi sul sistema digitale[27]. Tali incontri hanno attivato un dibattito utile a delineare le risorse e le potenzialità dei territori interessati.

Fig. 21 – Il sistema Bom e la sezione dedicata all'interattività aperta per la consultazione virtuale

[25] Per ogni risorsa, una finestra pop-up permette all'utente di interagire con il sistema per ricavarne informazioni, consultare immagini e aprire link.

[26] Nello specifico sono stati coinvolti: associazioni studentesche dell'Università degli Studi di Bergamo, il Coordinamento dei Comitati di quartiere e altre associazioni. Al fine di favorire la più ampia partecipazione, ogni focus group ha previsto la preparazione di materiale promozionale e di inviti rivolti alla cittadinanza, distribuiti nei luoghi pubblici dei quartieri e dei paesi della provincia una settimana prima dell'incontro.

[27] L'importanza dei focus group è stata ulteriormente attestata dalla possibilità di creare delle mailing list che hanno permesso la diffusione e promozione del sistema ai contatti personali dei singoli partecipanti e di favorire il passaparola anche presso associazioni locali ed enti di promozione culturale.

La consultazione virtuale, viceversa, prevedeva una registrazione preliminare volta a controllare gli accessi automatici e ha previsto due modalità di interazione all'interno della sezione "Aggiungi la tua segnalazione" (Fig. 21): la segnalazione di luoghi paesaggi degradati o suggestivi, percorsi e itinerari da valorizzare mediante iniziative culturali e la votazione delle iniziative già inserite da altri utenti per attivare un sistema automatico di ranking.

Infine, nella fase di concertazione si è analizzata la graduatoria di merito ed è stata organizzata una presentazione pubblica delle iniziative più votate, affinché fossero inserite nelle attività programmate per la candidatura[28] (Fig. 22).

Fig. 22 – Le dieci iniziative entrate nella fase di concertazione

Iniziative passate alla fase di concertazione e presentate pubblicamente il 5 settembre 2013 presso l'Ambasciata Culturale Europea

1. **ITINERARI CULTURALI e AMBIENTALI NEL TERRITORIO DI PONTERANICA**
   Proponente: **GIUSEPPE GUALINI** *Associazione/Ente*: **ASSOCIAZIONE PENSIERI E PAROLE**

2. **DOORS TO EUROPE E FLOWING CULTURE: ALLA SCOPERTA DELL'ALTA VALLE BREMBANA**
   Proponente: **ANDREA PALENI** *Associazione/Ente*: **ALTOBREMBO**
3. **SCUOLA DI MUSICA NEL PALAZZO DEL VICARIO DI VALLE**
   Proponente: **ANDREA CHIESA** *Associazione/Ente*: **COMUNE DI ALBINO**
4. **POLO DI INNOVAZIONE CULTURALE NELL'EX-CENTRALE TERMICA I.R.F.**
   Proponente: **FABRIZIO TERZI** *Associazione/Ente*: **BERGAMO HUB**
5. **ONE THOUSAND SOUNDS: FESTIVAL MUSICALE DEGLI STUDENTI UNIVERSITARI EUROPEI**
   Proponente: **MARIO GHIDINI** *Associazione/Ente*: **ASSOCIAZIONE STUDENTI UNIBG**
6. **ALLA SCOPERTA DELL'ARTE NELLA GROTTA EUROPA**
   Proponente: **PIERO CATTANEO** *Associazione/Ente*: **GRUPPO SPELEOLOGICO VALLE IMAGNA**
7. **GIOVANI ARTISTI EUROPEI IN MOSTRA PRESSO GLI OSPEDALI RIUNITI DI BERGAMO**
   Proponente: **CATERINA GIUPPONI** *Associazione/Ente*: **UTENTE PRIVATO**
8. **CAPOLAVORI CINEMATOGRAFICI A VILLA DEI TASSO**
   Proponente: **DIANA SANA** *Associazione/Ente*: **UTENTE PRIVATO**
9. **CAMPUS SCOLASTICO ED EVENTI MUSICALI A CASCINA CA' VALOTI E NELLA CHIESA DI SAN PIETRO**
   Proponente: **SARA BERGAMELLI** *Associazione/Ente*: **BIBLIOTECA CENTRO CULTURA NEMBRO**
10. **L'ARTE E I LUOGHI DELL'ACQUA: ALLA SCOPERTA DEI LUOGHI NASCOSTI DI CITTA' ALTA**
    Proponente: **GIOVANNI GINOULHIAC e IVANA CATTANEO** *Associazione/Ente*: **ASSOCIAZIONE CITTÀ ALTA E COLLI DI BERGAMO**

[28] La resa pubblica dei risultati della consultazione è un'azione strategica dei processi partecipativi che legittima il processo poiché restituisce a coloro che vi hanno partecipato e mette in circolo gli esiti del loro contributo. In questo modo, si creano le basi di una progettazione condivisa, dal momento che tale incontro pubblico permette di valutare l'inserimento delle iniziative all'interno del Dossier di Candidatura e dunque nella programmazione delle attività previste nel 2019.

La concertazione può sfociare nella fase finale della partecipazione attiva o cooperazione, che nel caso di un esito positivo della candidatura si sarebbe concretizzata nel coinvolgimento dei soggetti promotori delle iniziative più votate per una loro realizzazione[29].

Se ci rivolgiamo a considerare il grado di interattività di Bom, esso va collocato tra i sistemi cartografici semi-aperti del Web 2.0: infatti lo stesso fondo carta di Google Maps è opzionabile dall'utente (fisico, ibrido, normale, satellitare) e le informazioni possono essere selezionate ma non modificate. Tuttavia, il sistema presenta una chiusura nell'icona già prefissata, al fine di rendere comparabili le varie segnalazione delle migliaia di utenze coinvolte nel processo.

Infine, gli abitanti che hanno partecipato al sistema partecipativo di Bom sono stati numerosi dimostrando un'attitudine dei cittadini bergamaschi sia per la consultazione che per la concertazione (Fig. 23).

Fig. 23 – I risultati quantitativi e qualitativi del processo partecipativo di Bom

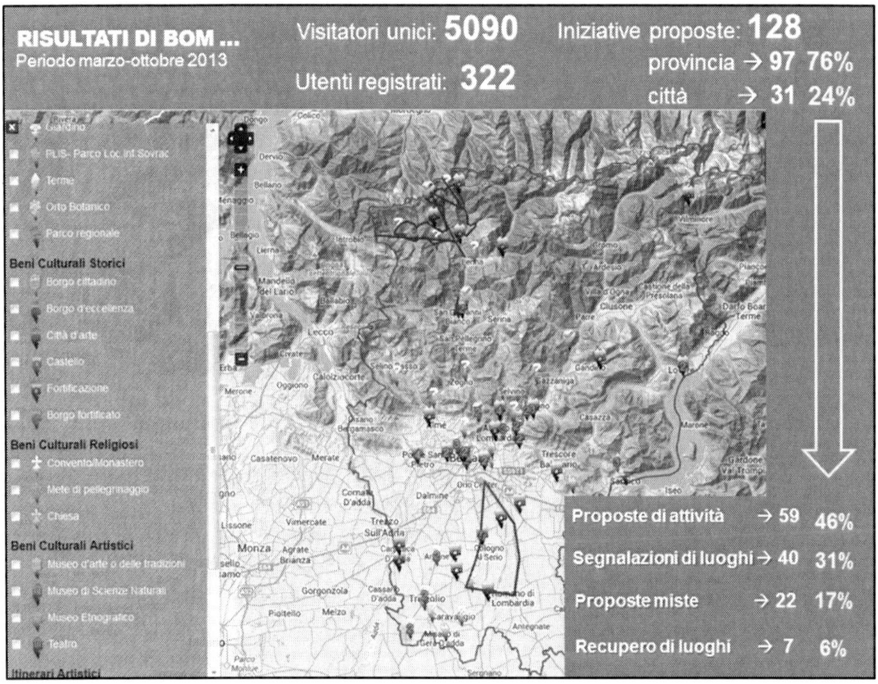

[29] Nel nostro caso, il processo partecipativo si è chiuso con la terza fase, dal momento che Bergamo non è stata selezionata e la città vincitrice è risultata Matera.

Nei mesi tra marzo e ottobre 2013 i visitatori unici del sito sono stati più di 5000, mentre 322 sono stati gli utenti registrati che sono intervenuti nell'inserimento di proposte. Di questi, 128 hanno scelto la valorizzazione di luoghi e iniziative culturali distribuite per il 76% in provincia e per la restante parte in città. Più della metà di questi utenti attivi ha proposto attività culturali, il 31% ha segnalato esempi di paesaggi degradati o di pregio, il 17% ha avanzato proposte miste di nuove iniziative e di valorizzazione del paesaggio e il 6% ha indicato la riqualificazione di luoghi storici o di pregio architettonico. Inoltre, hanno partecipato ai focus group circa 200 persone, dimostrando un interesse per la valorizzazione del proprio territorio. Va, poi, rilevato che questi numeri non sono da considerare "numeri singoli" dal momento che nella maggior parte dei casi rappresentano associazioni, biblioteche, uffici comunali, scuole e reti tra persone.

Infatti, per misurare il successo della partecipazione non va assunto esclusivamente il numero dei partecipanti, quanto piuttosto lo scambio di conoscenza che si genera e le proposte che si attivano al suo interno. Gli aspetti più interessanti emersi sono: la valorizzazione dei luoghi mediante l'apertura di edifici storici, la rivitalizzazione culturale degli spazi pubblici, l'accessibilità a luoghi trascurati per far emergere la cultura locale (dialetto, saperi e tradizioni,...). Va sottolineata inoltre la componente sostenibile di tali proposte, tutte basate su interventi a basso impatto ambientale (piste ciclabili, percorsi pedonali, recupero edifici esistenti,...), con una forte componente aggregativa (attività culturali collettive, escursioni di gruppo,...), e lo sviluppo di attività creative che promuovano vari generi artistici.

5.4.2. BG Public Space: rigenerazione degli spazi pubblici secondo i bisogni degli abitanti

Il progetto BG Public Space, promosso dal Comune di Bergamo tra il 2014 e il 2015, ha ottenuto il Patrocinio dell'Associazione Biennale spazi pubblici e presentato alla III Biennale tenutasi a Roma nel maggio 2015[30]. Tale progetto si inserisce nella fase preliminare del bando di concorso internazionale che l'Amministrazione comunale intende aprire per raccogliere progetti in grado di rivitalizzare gli spazi pubblici del centro di Bergamo, in special modo, quelli

[30] Il gruppo di ricerca che ha realizzato il progetto, oltre a Emanuela Casti che lo ha ideato, ha coinvolto l'autrice, in qualità di coordinatrice del gruppo di ricerca ed elaborazione dati, oltre ad altri geografi e urbanisti (Renato Ferlinghetti, Emanuele Garda, Alessandra Ghisalberti, Sara Belotti), programmatori informatici (Dario Corna, Nicholas Pagani coordinati da Giuseppe Psaila) e webdesigner (Elena Vittoria). Importante è stato altresì il ruolo di altri docenti dell'Ateneo di Bergamo, come Maria Grazia Cammarota e degli studenti tirocinanti Marta Soligo e Virginia Tinelli dell'Università di Bergamo, Meritxell Gisbert, dell'Università di Barcellona.

del Sistema Piacentiniano[31]. L'obiettivo è quello di superare l'idea di una città dicotomica centro/periferia, e adottare l'approccio reticolare e multiscalare dove la città è prospettata in rete (Lévy, 2010; Soja, 2011). Per questo motivo, BG public space oltre ad assumere gli spazi pubblici del centro di Bergamo in una dimensione reticolare, ha assunto il concetto di *urbanità* considerando la diversità dei suoi abitanti (residenti, immigrati, pendolari, turisti).

La visione della ricerca è stata basata sul concetto di *learning city* enucleato all'interno dei principi del *lifelong learning* ovvero la prospettiva di facilitare una nuova forma di cittadinanza che assuma l'inclusione sociale, l'uso delle tecnologie, la consapevolezza ambientale per migliorare la qualità della vita all'interno delle città. In tale contesto la *learning city* assegna all'amministrazione pubblica il compito di rivolgersi ai cittadini per apprendere la loro competenza dei luoghi riconoscendo loro il ruolo di "costruttori" e "gestori" del proprio territorio (Florida, 1995; Lussault, 2014). Coerentemente, il progetto BG Public Space ha assunto gli spazi pubblici del centro di Bergamo visti non solamente come un insieme di piazze, parchi e strade, ma quale espressione di un discorso identitario, vale a dire del processo mediante il quale i valori stratificati sul territorio si riverberano sulla società, sancendo la sua identità (Turco, 2010). Ciò diventa strategico e va consapevolmente assunto nel dialogo partecipativo con gli abitanti.

Inoltre, si è proposto il passaggio dall'approccio di analisi urbana fondata sulla "tracciabilità" (smart city), a quello denominato intelligenza dell'urbano che mette al centro gli abitanti e richiama l'idea di "autocostruzione" urbana (Casti, 2014a, pp. 169-173). Ne è conseguito che lo spazio pubblico è stato assunto come uno spazio che mostra la diversità degli abitanti e le funzioni di una società urbana aperta. Infatti, il dinamismo di tali spazi è strettamente dipendente dalla densità e dalla diversità dei suoi abitanti che con pratiche pedestri permettono la sua rivitalizzazione (Lévy, 2003, pp. 336-338).

Di conseguenza, il progetto non ha assunto lo spazio pubblico solamente come spazio fisico costituito da un insieme di piazze, parchi e strade, ma altresì quale espressione delle dinamiche sociali componenti la mobilità. Per

[31] Per Sistema Piacentiniano si intende l'area che, anticamente occupata dalla Fiera di Bergamo, è stata oggetto di ricostruzione nei primi anni del Novecento. Infatti, nel 1907, per ridefinire gli spazi occupati dalla Fiera, ormai abbandonati, si bandì un concorso nazionale che premiò il progetto "Panorama", dell'ing. Quaroni e l'arch. Piacentini. Il Progetto conservava la "Piazza della Fiera" l'attuale Piazza Dante, prevedeva il mantenimento dell'impianto stradale ottocentesco, la creazione di vari edifici economico-finanziari, oltre a un porticato lungo il "Sentierone". Tale porticato, proseguendo in Piazza Vittorio Veneto, trovava il suo completamento nella Torre dei Caduti. Il Sistema Piacentiniano si colloca nel centro della città bassa di Bergamo, situata nel punto di intersezione tra l'asse che collega la stazione ferroviaria con la funicolare che conduce in Città Alta e l'asse orizzontale che collega la piazza Pontida con la Piazzetta Santo Spirito. Il progetto è stato attivato in base a quanto dichiarato dal sindaco di Bergamo, Giorgio Gori, nel programma di candidatura del periodo 2014-2019, dove il Sistema Piacentiniano è citato nell'ambito della valorizzazione del centro visto in una prospettiva integrata con i quartieri a Sud della città.

far questo si è considerato l'abitante come colui che vive un luogo, indipendentemente dalle motivazioni o dalla durata della sua permanenza negli spazi pubblici (Lévy, Lussault, 2003, pp. 440-442) e ha previsto il coinvolgimento dei residenti, così come dei commercianti, degli studenti, degli immigrati, dei pendolari e dei turisti, ovvero delle diverse tipologie di *city users*. A tale scopo, sono stati ideati e progettati diversi strumenti comunicativi (digitali e non) volti ad assicurare una maggiore inclusione delle diverse categorie di attori e si è posto l'accento sulla connettività dello spazio pubblico e sulla sua accessibilità. Nel Sistema Piacentiniano si è tenuto conto: i. della connessione con gli altri spazi pubblici con il resto della città compresa l'area metropolitana e dunque l'hinterland dei comuni interessati dai flussi quotidiani dei pendolari[32]; ii. della centralità del Sistema posto sull'asse orizzontale – Piazza Pontida, Piazzetta S. Spirito da ovest a est e Città Alta e Porta Sud da nord a sud – su cui si sviluppa il centro cittadino[33] (Fig. 24).

Fig. 24 – Localizzazione del Sistema Piacentiniano a Bergamo

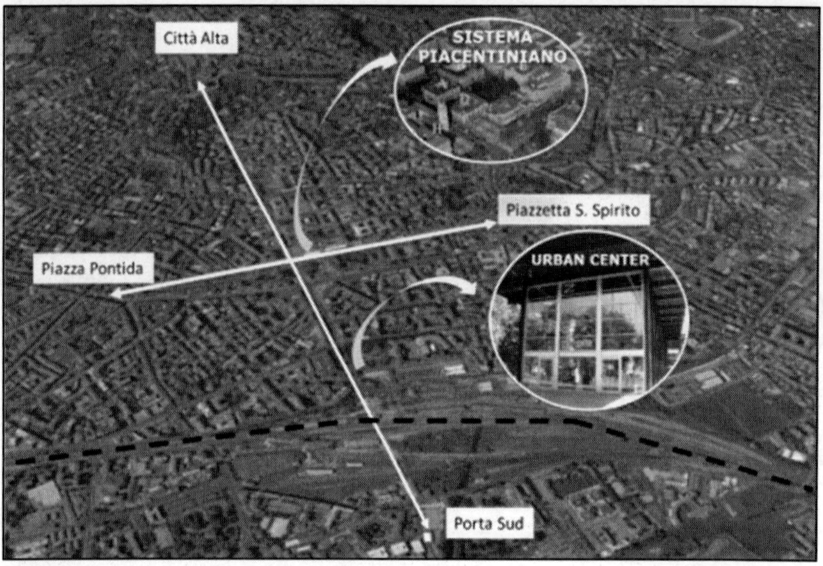

[32] Il progetto BG Public Space era stato inizialmente pensato per coinvolgere l'intera Città metropolitana in coerenza con l'impianto teorico che pone l'accento sulla connettività degli spazi urbani e sulla loro accessibilità, ma per motivi budgetari ed organizzativi l'Amministrazione comunale ha preferito limitare l'analisi all'area che riguarda: i) il Sistema Piacentiniano; ii) tre spazi pubblici al suo interno individuati come critici (Piazza Dante, Piazza Cavour, Largo Belotti); iii) una quindicina di spazi pubblici del Centro visti in stretta connessione tra loro.

[33] È stata, viceversa, tralasciata la dimensione verticale Città Alta-Città bassa, per concentrarsi sul centro cittadino di Città bassa seppure essa è stata recuperata quale tela di fondo su cui nel passato si è giocata la distinzione tra dentro/fuori cittadino e che oggi rappresenta una frattura nella costituzione di un centro coeso e unitario.

BG Public Space ha previsto la realizzazione delle prime due fasi della strategia SIGAP applicata ai processi di governance: la fase di conoscenza e quella di consultazione. Le attività previste nella prima fase, oltre a quelle destinate a incrementare la consapevolezza degli abitanti rispetto al patrimonio artistico e storico degli spazi pubblici della loro città, che vedremo successivamente, sono state rivolte a sensibilizzare la cittadinanza nell'uso del sistema. Dopo aver identificato gli interlocutori privilegiati per organizzare i focus group (istituzioni, associazioni culturali, scuole, biblioteche), sono stati realizzati degli incontri di presentazione[34]. Al fine di assicurare un'alta partecipazione molti sforzi sono stati rivolti al sistema scolastico, coinvolgendo gli studenti di alcuni istituti superiori e quelli dell'Università. Oltre agli aspetti tecnici, è stata illustrata la rilevanza sociale della partecipazione e degli spazi pubblici come luoghi identitari[35]. Infine, per facilitare la consultazione ad alcune fasce di età, come gli anziani, o a coloro che per scelta non utilizzano i sistemi informatici, sono stati predisposti questionari cartacei distribuiti in vari esercizi cittadini. Ha preceduto la consultazione la realizzazione di una serie di documenti cartografici che mostrano l'evoluzione urbanistica del centro di Bergamo negli ultimi tre secoli. Tali mappe sono state fatte confluire successivamente in un videoclip pubblicato nel portale dedicato al processo partecipativo (www.bgpublicspace.it) che permette di conseguire i presupposti alle interrogazioni proposte nella sezione della consultazione[36].

Il sistema on-line tecnicamente è composto da una serie di strumenti informatici: una piattaforma web; un sistema di *mashup*; una serie di survey on-line[37]. La sua struttura prevede diverse sezioni. Nella "Home" è possibile

[34] Tramite l'invio di mail informative e di lancio del sistema, distribuzione di volantini, aggiornamento dei contatti attraverso i social network (Facebook, Twitter, Instagram, Periscope), invio di materiale per promuovere il sistema a media e social media.

[35] Agli incontri collettivi sono stati affiancati quelli individuali realizzati presso delle postazioni aventi lo scopo di garantire una più facile accessibilità al sistema: quella sul *Sentierone* – la strada così denominata poiché è un largo spazio pedonale che i bergamaschi identificano come l'area della passeggiata – e quella in un edificio comunale, ossia l'Urban Center, oggi diventato sede di Bergamo Scienza e ridenominato "Bergamo Science Center".

[36] Dopo aver proceduto alla ricostruzione dei principali lineamenti urbanistici della città nelle soglie storiche 1732-1739, 1838, 1857, 1930, sono state realizzate quattro carte GIS mediante la rielaborazione dal database topografico fornito dal Comune di Bergamo che ha costituito la base per: i) impostare nelle sue linee programmatiche l'operatività del progetto; ii) realizzare il video "Il centro di Bergamo: un'invenzione dell'ultimo secolo"; iii) creare dei pannelli espositivi. Contemporaneamente, si è proceduto alla raccolta di fotografie storiche da utilizzare per la redazione delle schede presso gli istituti di conservazione cittadini e sono state reperite le fonti disponibili sui siti web. Ai documenti storici sono stati aggiunti documenti fotografici contemporanei realizzati dal gruppo di ricerca negli spazi pubblici implicati nell'inchiesta. Tale cartografia è stata altresì esposta negli spazi espositivi del progetto.

[37] La piattaforma web è sviluppata mediante linguaggio php utilizzando un CMS (Content Management System), specificatamente Joomla.

visualizzare il videoclip dal titolo "Il centro di Bergamo: un'invenzione dell'ultimo secolo" caricato su canale YouTube. Il sistema di *mashup* corrisponde alla sezione "Partecipa" dove è presente la piattaforma di consultazione vera e propria organizzata in tre sezioni (Sistema Piacentiniano, Spazi Critici e Centro Urbano). Si tratta di un mapping interattivo che si appoggia a Microsoft Bing maps e alle API che rende disponibili liberamente (Fig. 25).

Una serie di funzioni consentono la consultazione del sistema di mapping attraverso la selezione di markers riferiti ad ogni singolo spazio pubblico e la compilazione di moduli di inchiesta sviluppati mediante il componente "Community Surveys", scritto interamente in linguaggio php. Il sistema è responsive e dunque disponibile anche su tablet e cellulare. In una sezione a parte ("Statistiche") viene aggiornato in tempo reale il n. di partecipanti che compilano il questionario in modo completo[38]. Come nel caso di Bom, al fine di rendere attendibile la partecipazione degli utenti, è stato creato un sistema di registrazione diretto via profilo Facebook oppure mediante nuova registrazione[39].

La consultazione è stata realizzata in due fasi: una preliminare, attuata tra dicembre 2014 e gennaio 2015, avente lo scopo di verificare tecnicamente il sistema, e quella vera e propria, durata dal 1° febbraio al 1° maggio. La prima ha coinvolto gruppi di cittadini, associazioni e stakeholders che hanno permesso di migliorare sia la descrizione degli spazi pubblici che le domande previste all'interno del sistema. Sotto il profilo della comunicazione, in un primo momento, si era optato per porre esclusivamente domande aperte ma ciò comportava ottenere risposte generiche e parziali; si è proceduto, quindi, ad adottare un sistema misto di domande mirate e aperte, scelta che si è dimostrata adeguata allo scopo perseguito.

La consultazione realizzata mediante il progetto BG Public Space ha fatto emergere l'opinione dei cittadini rispetto alle specificità di tale area specificando: i) le funzioni e ruoli di portata sociale di tali spazi nel corso dei secoli; ii) la morfologia urbana e la conformazione da un punto di vista strutturale (presenza di rogge sotterranee, articolazione in più livelli,...); iii) la prospettiva futura che gli abitanti propongono (richiamo del passato, nuova funzione,...).

[38] Il dato non include gli utenti che hanno compilato solo una parte del questionario, oppure che si sono registrati ma non hanno ancora partecipato all'inchiesta. Nella sezione "Calendario" gli utenti potevano informarsi rispetto alle date della consultazione e dei focus group e alla visita degli spazi pubblici del centro di Bergamo.

[39] Accanto a tale sistema sono stati realizzati dei survey on-line mediante la stessa tecnologia del sistema BG Public Space, ovvero utilizzando il componente di Joomla "Community Surveys", scritto interamente in linguaggio php. Tali inchieste sono state rivolte ai diversi *city users* (commercianti, pendolari, migranti, turisti e studenti) e diffuse mediante e-mail ai diversi interlocutori privilegiati di associazioni o enti legati alle categorie interessate dall'inchiesta. Anche i survey richiedono la registrazione al primo accesso e vengono integrati nel database di sistema al fine di produrre una rielaborazione statistica coerente e aggiornata in tempo reale.

Fig. 25 – BG Public Space: la Home Page (A) e la sezione "Partecipa" riferita al Sistema Piacentiniano (B)

Sotto il profilo comunicativo, il sistema BG Public Space non può essere definito "cartografico" poiché gli utenti non potevano geolocalizzare le risposte ma piuttosto un sistema di consultazione territoriale "ibrido" dove le carte costituiscono l'ossatura per la ricostruzione del territorio offerta ai cittadini che hanno proceduto a fornire le loro indicazioni attraverso le caselle di testo. Infatti, esso mostra un'interattività chiusa sotto il profilo cartografico sia con il fondo carta fisso di BingMaps sia nella visualizzazione del video-clip; viceversa, consente l'inserimento di informazioni, descrizioni e immagini, prodotte come informazione geografica volontaria (VGI) negli spazi dedicati alle varie sezioni dell'area piacentiniana mediante la descrizione testuale.

I risultati ottenuti sono significativi sia quantitativamente che qualitativamente[40]. Infatti, hanno consultato il sito oltre 8.000 visitatori unici di cui circa 1.000 hanno risposto al questionario che richiedeva 40-60 minuti per la compilazione. Per quanto riguarda la qualità delle risposte, sia dalla consultazione diretta, che da quella on-line, gli abitanti hanno fornito preziose indicazioni sia sulla destinazione degli spazi in questione che sugli interventi auspicati mettendo in risalto una stringente coerenza tra domande e risposte e una maturità e consapevolezza degli argomenti trattati.

Lo spazio pubblico ritenuto più importante è il fulcro del Sistema Piacentiniano visto che racchiude la più alta pregnanza di valori simbolici e funzionali (Fig. 26).

Le proposte di intervento riguardano il recupero del patrimonio della funzionalità storica dell'area rivista nel segno dell'innovazione e della creatività contemporanee. Rifiutando di considerare il passato e il futuro come due aspetti antinomici, prospettano il primo quale consapevolezza per meglio proiettarsi nel futuro. Gli interventi di dettaglio proposti dai residenti riguardano l'aumento delle attività commerciali di tipo ristorativo e ludico-ricreativo che dovrebbero essere sostenute da un incremento del trasporto pubblico, soprattutto nelle fasce serali. A ciò si aggiunge il contributo degli altri *city users* che sottolinea la forte potenzialità a livello commerciale e turistico, così come per l'incontro tra i giovani studenti o i migranti. Emerge così, sia l'inadeguatezza odierna di spazi adeguati all'incontro, sia quella di cartellonistica esplicativa del loro ruolo storico. Grande attenzione è anche riservata agli interventi inerenti: l'accessibilità – più della metà degli intervistati propone di incentivare il trasporto pubblico, soprattutto nella fascia oraria serale, e creare collegamenti tra i parcheggi dei quartieri periferici e quelli del centro urbano mediante l'istituzione di un servizio di bus navetta gratuito, oltre al miglioramento della mobilità ciclopedonale; i servizi – la maggior parte degli

[40] Per un'analisi dettagliata dei risultati ottenuti mediante il progetto BG Public Space, si può consultare il sito www.bgpublicspace.it, dove nella home page è possibile scaricare il report dettagliato contenente i risultati della consultazione.

utenti, oltre all'apertura di servizi informativi e culturali, chiede di aumentare la copertura wi-fi dell'area e garantire la presenza di bagni pubblici. Infine, per ciò che concerne la sicurezza e la socializzazione, gli utenti propongono di aumentare i controlli serali.

Fig. 26 – Numero di partecipanti all'inchiesta BG Public Space per ogni spazio pubblico

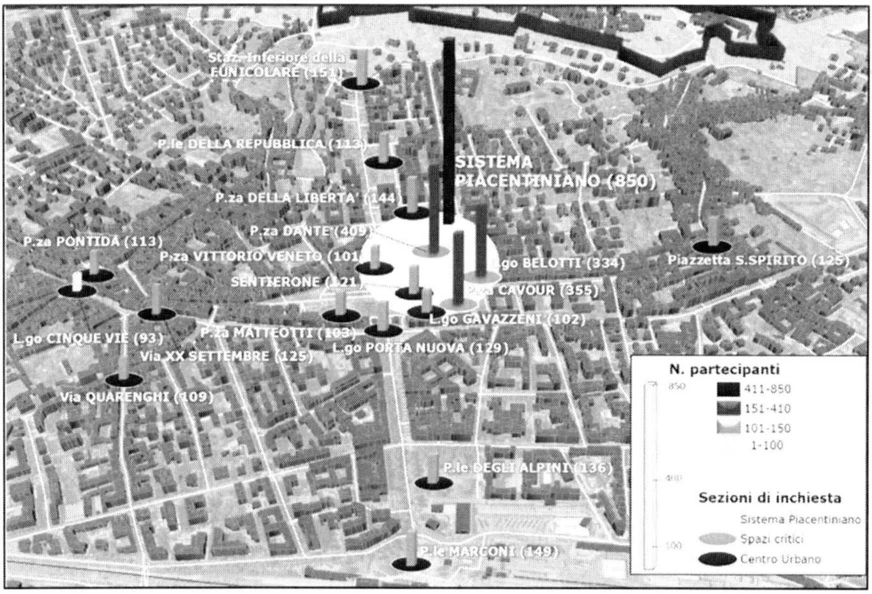

Attorno al Sistema Piacentiniano, in ciò che sono stati definiti gli *spazi critici*, sono auspicate riqualificazioni rivolte a creare: uno spazio dedicato alla creatività e all'internazionalizzazione (Piazza Dante), uno legato alla musica (Piazza Cavour) e uno destinato ad area verde attrezzata (Largo Belotti) sottolineando che gli interventi dovrebbero essere rivolti prevalentemente ai giovani[41]. Gli spazi pubblici del Centro Urbano sono tutti segnalati come luoghi da riscoprire e valorizzare sia nel loro significato storico, mediante pannelli informativi e digitali, sia mediante eventi e manifestazioni che sappiano attirare i giovani così come i visitatori e i turisti stranieri, soprattutto nelle ore serali e notturne quando questi spazi si svuotano e vengono

[41] Nello specifico, si propone: Piazza Dante con la funzione di vetrina della creatività e dell'internazionalizzazione, la riapertura dell'ex-Diurno e il suo collegamento con i livelli superiori (68,5%); Piazza Cavour, come il luogo della musica, proponendo l'organizzazione di eventi e manifestazioni dedicate ai vari generi musicali (94,7 %); Largo Belotti, infine, è pensata come spazio verde attrezzato con l'evocazione della Roggia Nuova (81,4 %).

percepiti come meno sicuri. La socializzazione e la sicurezza sono stati declinati, auspicando rispettivamente la promozione di attività interculturali e l'aumento delle aree verdi per la prima, un maggior controllo nelle ore serali o la proposta di riqualificazione delle aree dismesse per la seconda. Da segnalare, infine, l'interesse nei confronti del verde agricolo e delle essenze vegetali locali da riproporre nei giardini pubblici al fine di indirizzare a scoprire le essenze autoctone e il verde agricolo peculiarità di Città Alta che potrebbe divenire cifra identificativa anche in Città Bassa.

Attualmente il sistema BG Public Space continua la propria funzione informativa poiché è aperto alla libera consultazione dei cittadini che possono scoprire la storia del centro di Bergamo, oltre ad essere stato predisposto quale base di partenza di altre iniziative partecipative. Infatti, il Comune di Bergamo ha inserito nella Home Page un link per future consultazioni; inoltre, alcune associazioni cittadine, quali il Coordinamento dei Comitati e Associazioni di Quartiere di Bergamo hanno attivato e condotto un processo parallelo di progettazione degli spazi piacentiniani e sono diventati uno degli interlocutori dell'amministrazione comunale per l'istituzionalizzazione di processi partecipativi nel Comune di Bergamo[42].

È evidente dunque che il risultato più significativo ottenuto dai progetti bergamaschi qui presentati è l'aumento della consapevolezza dell'Amministrazione rispetto al ruolo degli abitanti nella progettazione urbana e quello dell'esigenza di coinvolgere questi ultimi nei processi di governance.

[42] Attualmente il Comune di Bergamo sta redigendo un regolamento sulla partecipazione da far approvare al Consiglio Comunale. Esso rappresenterà la norma attuativa del capitolo 64-bis dello "Statuto di Bergamo" riguardante i "Processi Partecipativi Strutturati". La redazione della bozza di tale regolamento vede la partecipazione, oltre che del Coordinamento dei Comitati di Quartiere, delle sedi cittadine delle associazioni ItaliaNostra, Legambiente e WWF e apre nuove prospettive per la governance urbana a Bergamo.

6. Abitanti come sensori? L'informazione geografica volontaria nei contesti urbani

Nel dicembre del 2006, il settimanale americano *Time* scelse "You" come persona dell'anno, pubblicando in copertina il monitor di un computer che come uno specchio riflette il pronome "Tu". Si è trattato di un riconoscimento attribuito ai milioni di utenti del web che in modo anonimo contribuiscono a produrre informazione volontaria.

Tale scelta, di grande impatto mediatico, è stata oggetto di riflessioni e analisi anche nel mondo scientifico, in particolare in quello geografico e cartografico, per analizzare l'insorgenza dell'abitante nella produzione e nel controllo delle informazioni. Tale fenomeno, in contrasto con il tradizionale processo di produzione dei dati geografici di esclusivo dominio delle istituzioni pubbliche, viene definito *Crowdsourcing*[1]. Attualmente sono disponibili enormi quantità di dati georiferiti che quotidianamente raggiungono livelli impressionanti e che a scala globale sono nell'ordine di 1 exabyte al giorno (Sui, Goodchild, Elwood, 2013, p. 3). Quando, analizzando il profilo del cartografo nell'era della mondializzazione, Emanuela Casti parla di "metamorfosi della figura dell'interprete", specificando che il cartografo "è costituito da una pluralità di individui, professionali e non, istituzionali e non, che partecipano alla costruzione della carta", allude proprio a questo. Infatti il cartografo oggi è costituito da figure "ibride e disomogenee" che includono i cartografi professionisti che lavorano presso enti pubblici o privati, i ricercatori-cartografi che operano presso i laboratori universitari o presso gli enti di ricerca, cui si aggiungono, nel caso della cartografia partecipativa, i soggetti appartenenti alla comunità locale, ma anche tutti quegli utenti del web che mappano e georeferenziano l'informazione (Casti, 2013, pp. 137-187, cit. pp. 137, 143).

[1] Per un'analisi del contributo della geografia americana nell'analisi di tale fenomeno si veda il volume collettaneo: D. Sui, S. Elwood, M. Goodchild (a cura), *Crowdsourcing Geographic Knowledge. Volunteered Geographic Information (VGI) in theory and practice*, Springer, Dordrecht, 2013.

I rapidi progressi nell'ambito delle tecnologie – GPS, telefoni intelligenti, reti di sensori, il *cloud computing*, ecc. – hanno infatti radicalmente trasformato il modo in cui i dati geografici sono raccolti, memorizzati, diffusi, analizzati, visualizzati e utilizzati. Questa tendenza si mostra in tutta la sua estensione all'interno di Google Maps dove gli utenti possono cercare non solo le informazioni tradizionali di natura localizzativa, ma anche quasi tutti i tipi di informazione digitale (per esempio voci di Wikipedia, foto di Flickr, video di YouTube, messaggi di Facebook/Twitter) fintanto che sono "geotaggati", ovvero che possiedano al loro interno un'informazione geo-riferita.

Analizzando tali informazioni, Michael Goodchild dimostra la centralità dell'abitante nel divenire una nuova fonte nella produzione di dati georiferiti e crea l'ormai noto paragone, tra cittadini e sensori ("citizens as sensors"): i cittadini sono considerati al pari dei sensori fissi o mobili che negli ultimi anni popolano le città del mondo per quantificare fenomeni naturali o antropici in un luogo specifico (ad esempio i sensori atmosferici), per monitorare flussi di persone, oggetti, animali (per esempio i sensori di traffico o i sensori per il *geo-tracking* degli animali)[2]. L'uso del termine "sensore", tuttavia, esprime il carattere tecnocratico dei discorsi e delle considerazioni dell'autore rispetto alla riconfigurazione del ruolo del cartografo, trascurando le implicazioni sociali e territoriali di tale cambiamento. Infatti, l'utente, oltre che essere un sensore che registra i dati del contesto territoriale in cui risiede o si muove, produce informazioni legate alla propria competenza dei luoghi che in qualche modo richiama lo *spatial capital*. Molte sono le motivazioni che portano gli abitanti a decidere di diffondere pubblicamente nel web tali conoscenze ed esperienze: per fornire informazioni di pubblica utilità in corrispondenza di avvenimenti drammatici, come nel caso di segnalazioni legate a eventi catastrofici o a scontri socio-politici[3]; oppure per rendere pubbliche

[2] Goodchild definisce la *Volunteered Geographic Information* (VGI) "il contenuto generato dall'utente" (*user generated content*), ovvero l'informazione (testuale, fotografica, grafica, sonora, video, …) contenente dati di geolocalizzazione che un soggetto contribuisce ad inserire all'interno di siti collaborativi, ricorrendo all'uso di *devices* fissi o mobili connessi ad internet. L'autore cita alcuni esempi: Wikipedia, che presenta un'evoluzione in ambito cartografico, dal momento che l'utente può inserire informazioni relative ad uno specifico luogo, aggiungendo foto, testi, link ad altri siti internet; Flickr, che permette di caricare fotografie e di posizionarle su una base cartografica; MissPronouncer, un sito creato in Wisconsin che consente di conoscere la pronuncia corretta dei nomi di città e località dello stato americano; OpenStreetMap, un WebGIS in cui l'informazione è esclusivamente prodotta dagli utenti; Google Earth, che ha introdotto la terza dimensione, e Google Maps che ha aperto la possibilità di realizzare *mashup* sovrapponendo informazioni geografiche provenienti da fonti diverse presenti nel web (Goodchild, 2007, p. 212)

[3] Questo tipo di segnalazioni saranno oggetto del prossimo paragrafo 6.1.

le esperienze personali, condividendo fotografie, descrizioni, video che mostrano la percezione dei luoghi[4]; o ancora, per condividere le proprie esperienze turistiche, come nel caso del giudizio riportato nei confronti di strutture ricettive, ristoranti o altri servizi legati all'esperienza di viaggio[5]; oppure ancora, per condividere con gli amministratori della città informazioni e segnalazioni utili a migliorare la qualità della fruizione degli spazi pubblici, ad evitare incidenti, a risolvere malfunzionamenti[6].

La VGI rientra a pieno titolo nelle forme della cosiddetta *citizen science*, definita come l'insieme delle attività, comprendenti la raccolta dati, l'analisi e la diffusione dei risultati, condotte da non professionisti ed aventi un impatto sull'avanzamento della ricerca scientifica (Cohn, 2008; Silvertown, 2009). Sebbene gli ambiti più comunemente considerati nella *citizen science* riguardino il monitoraggio di fenomeni naturali (l'ornitologia, la meteorologia o l'astronomia)[7], da alcuni anni al suo interno sono confluite altre forme rivolte alla produzione di informazioni utili per la governance urbana (Haklay, 2013). In particolar modo, la cartografia prodotta in tale ambito ha un ruolo sempre più rilevante. Essa è espressione di una responsabilità sociale e di una consapevolezza del ruolo dell'abitante per contribuire a rendere il territorio un bene pubblico di una comunità.

Nei prossimi paragrafi saranno prospettate le due tipologie di sistemi cartografici che producono informazione geografica volontaria in contesti urbani: quelli creati in corrispondenza di eventi di crisi, e quelli finalizzati alla segnalazione di problemi nella fruizione degli spazi pubblici della città.

6.1. Mapping e VGI per l'emergenza nei contesti urbani

Gli eventi catastrofici naturali, quali il terremoto di Haiti nel 2010, o quello seguito dallo tsunami a Tōhoku in Giappone nel 2011, e gli eventi sociali dello stesso tipo, come la cosiddetta "Primavera araba" iniziata tra il

[4] Ne è un esempio la Florence Emotional Map (la mappa emotiva di Firenze) che raccoglie la descrizione della percezione visiva, sonora, olfattiva, tattile, del gusto e del "sesto senso" di residenti e turisti di Firenze: www.florenceemotionalmap.com/la-mappa/.

[5] Tripadvisor.com è un esempio di portale web di viaggi, che pubblica le recensioni degli utenti riguardo hotel, ristoranti e attrazioni turistiche.

[6] Ci si soffermerà su questa tipologia di informazione nel paragrafo 6.2.

[7] Diversi progetti on-line rientrano in tale categoria: per esempio lo Stardust@home project (Westphal et al., 2006) nel quale gli utenti usano un microscopio virtuale per identificare tracce di polvere interstellare; o ancora il NASA ClickWorkers con lo scopo di classificare i crateri di Marte (Lintott *et al.*, 2008); o infine, un progetto di classificazione delle galassie incluso nel progetto più vasto chiamato "Zooniverse" (http://www.zooniverse.org/). Per un'analisi completa si veda: Hacklay, 2013.

2010 e il 2011 tra il Nord Africa e il Medio Oriente[8], e il movimento "Occupy" che ne è derivato in diversi contesti urbani tra il 2011 e oggi, hanno in comune il fatto di essersi imposti nei media producendo una socializzazione del fenomeno a scala mondiale. Tali eventi presentano la specificità di diffondersi in tutto il mondo producendo una collaborazione di massa, attorno a una rappresentazione cartografica nel Geoweb 2.0. Essi attivano infatti un processo di co-produzione che mette in connessione persone e luoghi a scala mondiale attorno all'evento. I protagonisti di tale co-produzione sono sia utenti che abitano l'area in cui accade l'evento e che la conoscono e possono contribuire a fornire informazioni utili per i soccorsi o per la gestione delle operazioni di intervento, oppure coloro che, sebbene si trovino in un'altra parte del mondo, sono esperti informatici e riescono a tradurre cartograficamente le informazioni provenienti dai tweets o dai messaggi di testo prodotti dagli abitanti della zona in questione, trasformandoli in dati georiferiti.

In questa sede, si tenta di evidenziare il ruolo strategico dello *spatial capital*, se trasmesso come VGI all'interno di una cartografia collaborativa nel web, in tali situazioni di crisi. Collegandosi alla prospettiva illustrata da Michel Lussault nel suo libro *L'Homme spatial*, in cui sottolinea l'importanza sociale dei fenomeni di crisi (disastri ambientali o movimenti socio-politici) in grado di diventare "operatori spaziali", ossia "*entità capaci di agire e di trasformare lo spazio geografico*" (Lussault, 2007, cit. p. 19) si prospetterà la cartografia come operatore simbolico che interviene in tale processo di trasformazione territoriale. Infatti, la correlazione carta-territorio è così forte, che spesso gli interventi di emergenza sono condotti e guidati a partire dal sistema collaborativo[9]. La cartografia, in tal caso, diventa un sistema di intelligenza collettiva capace di indirizzare gli interventi sul territorio anche quando è completamente stravolto.

Prendiamo dunque in esame i sistemi cartografici definiti "crisis mapping", appunto perché rientrano nella tipologia di cartografie collaborative create durante avvenimenti catastrofici o a movimenti socio-politici

[8] Il termine "Primavera araba" è un'espressione giornalistica utilizzata per lo più dai media occidentali per indicare una serie di proteste ed agitazioni cominciate tra la fine del 2010 e l'inizio del 2011 in molti paesi del Nord Africa e del Medio Oriente (principalmente in Libia, Egitto, Tunisia, Algeria, Siria, Yemen, Giordania, Gibuti, Iraq, Bahrein, mentre ci sono stati moti minori in Mauritania, Sudan, Somalia, Marocco e Arabia Saudita, Oman, Kuwait) ed ancora oggi aventi ripercussioni geopolitiche in tutti gli stati citati e negli equilibri geopolitici mondiali. Per un approfondimento sul fenomeno ed una sua lettura geopolitica si vedano i numerosi contributi pubblicati nella rivista *Limes* (http://www.limesonline.com), con particolare attenzione ai numeri 5/12 e 2/16.

[9] Abbiamo più volte rimarcato nel volume, l'origine teorica di tale relazione prospettata dalla semiosi cartografica, secondo la quale ogni carta è un sistema comunicativo e un operatore in cui si realizza la simbiosi carta/territorio grazie alla denominazione (Casti 1998a, p. 11).

(Goodchild, Glennon, 2010; Liu, Palen, 2010). Questi sistemi sono stati catalogati in tre tipologie: *mashup*, piattaforme contributive e piattaforme collaborative (Roche *et al.*, 2013). Tutti e tre possono essere utilizzate dai media, dalle organizzazioni di soccorso e di aiuto umanitario, o dalle istituzioni locali, per gestire o controllare le manifestazioni dell'evento e svolgere le proprie azioni di aiuto. I primi tuttavia hanno il mero obiettivo di divulgare e comunicare informazioni relative all'accaduto, i secondi raccolgono in tempo reale i dati a supporto delle azioni di intervento, i terzi costituiscono una nuova mappatura con gli esiti della crisi (nuova configurazione morfologica, nuove infrastrutture della mobilità, nuove aree residenziali, ...) in seguito all'evento catastrofico.

La letteratura relativa al *crisis mapping* mette in rilievo gli aspetti tecnici che contribuiscono al suo successo (Goodchild, Glennon, 2010; Liu, Palen, 2010; Zook *et al.*, 2010), e le applicazioni attualmente disponibili (Roche, Propeck-Zimmermann, Mericskay, 2013), o ancora, le sfide ancora aperte relative ai dati pubblicati, come la privacy, la sicurezza, la proprietà intellettuale, la qualità e l'affidabilità (Goodchild, Li, 2012; Shanley *et al.*, 2013; Poblet, 2013). In contesto urbano, si nota che tale rappresentazione oltre a sfruttare le tecniche più avanzate, è un sistema con cui si veicola lo *spatial capital*, mediante dati spaziali prodotti dai cittadini attraverso i tweet o i messaggi provenienti dai dispositivi mobili, trasformati in icone cartografiche, come vedremo nei casi di studio che seguono.

Al fine di riflettere sul *crisis mapping* e comprendere le sue potenzialità nella rappresentazione dello *spatial capital* considerandolo un "campo semiotico", si prenderanno in considerazione due casi di studio relativi al terremoto di Haiti (gennaio 2010) e la crisi politica nelle città del nord Africa per ricavarne dati generalizzabili[10].

Preliminarmente, va rilevata la complessità degli attori coinvolti nel processo di *crisis mapping*. Si tratta di sistemi di mappatura coprodotti da: tecnici professionisti che possiedono competenza nell'uso della tecnologia; abitanti che vivono nella città in cui si realizza l'evento e che partecipano al mapping, inserendo informazioni nella carta o, indirettamente, inviando messaggi dai propri dispositivi mobili che vengono successivamente restituiti cartograficamente; i fan del Geoweb 2.0, che non necessariamente conoscono l'area urbana soggetta alla crisi, ma che si mettono al servizio dell'impresa cartografica, diventando una vera e propria "task force" car-

[10] Si tratta quindi di analizzare la figura dell'interprete, il processo di creazione dell'informazione per la produzione dell'icona cartografica, per poi comprendere come la sintassi tra icone attiva il livello pragmatico (Casti, 1998a), e quindi le implicazioni del mapping nella gestione degli interventi sul territorio colpito dalla crisi.

tografica; altri individui, che provengono dalla città in questione, ma si trovano al momento dell'evento, in un'altra parte del mondo, e si offrono di tradurre, interpretare, comprendere la VGI prodotta dagli abitanti e di dare quindi supporto a coloro che la devono trasferire sul supporto cartografico; infine, i membri delle unità di soccorso o di associazioni di volontariato, che verificano le informazioni sul terreno e aiutano nella validazione dei dati cartografati.

La carta contributiva relativa al terremoto avvenuto nella città di Port-au-Prince ad Haiti (Fig. 27), per esempio, è stata realizzata grazie alla collaborazione: del team di informatici del sistema open-source Ushaidi, avente la propria sede in Kenya; degli abitanti della città che hanno partecipato alla creazione della carta, sia inserendo le proprie informazioni nel Web, ma soprattutto con l'invio di tweet, SMS o MMS dal proprio telefono cellulare; di un team di giovani cartografi, la maggior parte dei quali risiedono nell'area urbana di Boston negli Stati Uniti, che si sono occupati del trasferimento dei messaggi degli abitanti all'interno del mapping, grazie ad un sistema di georeferenziazione automatica dei messaggi; dei molti utenti del web che hanno inserito informazioni volontariamente; dei mediatori culturali haitiani originari di Port-au-Prince e immigrati in Massachusetts, che hanno aiutato la task force di Boston per ottenere sia una traduzione inglese e francese dei messaggi in creolo, che la verifica della georeferenziazione delle icone cartografiche, grazie alla loro conoscenza della città; dei membri di organizzazioni di soccorso, che hanno aggiunto o verificato le informazioni geografiche volontarie utilizzando la carta per le loro operazioni di intervento.

Questa piattaforma contributiva, dunque, ci mostra lo sforzo collettivo di soggetti aventi diversi livelli di competenza ed esperienza. Infatti, la competenza tecnica nel mapping e la conoscenza diretta dei luoghi rappresentati, pur non essendo necessariamente unite nella stessa persona, trovano una sinergia; inoltre, è interessante notare che lo *spatial capital* non proviene solamente dalle persone situate in prossimità topografica[11] del luogo dove l'evento accade, ma anche da coloro, che pur situati a distanza, inviano messaggi con la richiesta di aiuto, come nel caso degli immigrati haitiani negli Stati Uniti: l'aspetto importante è che questi soggetti siano connessi e che possiedano le conoscenze del luogo da rappresentare.

[11] Per uno studio del concetto di prossimità, come nuova dimensione di comprensione delle dinamiche relazionali all'interno dei territori, si veda: M. Bertoncin, A. Pase, D. Quatrida (a cura di), *Geografie di prossimità. Prove sul terreno*, FrancoAngeli, Milano, 2014.

Fig. 27 – Ushahidi Haiti Crisis Map

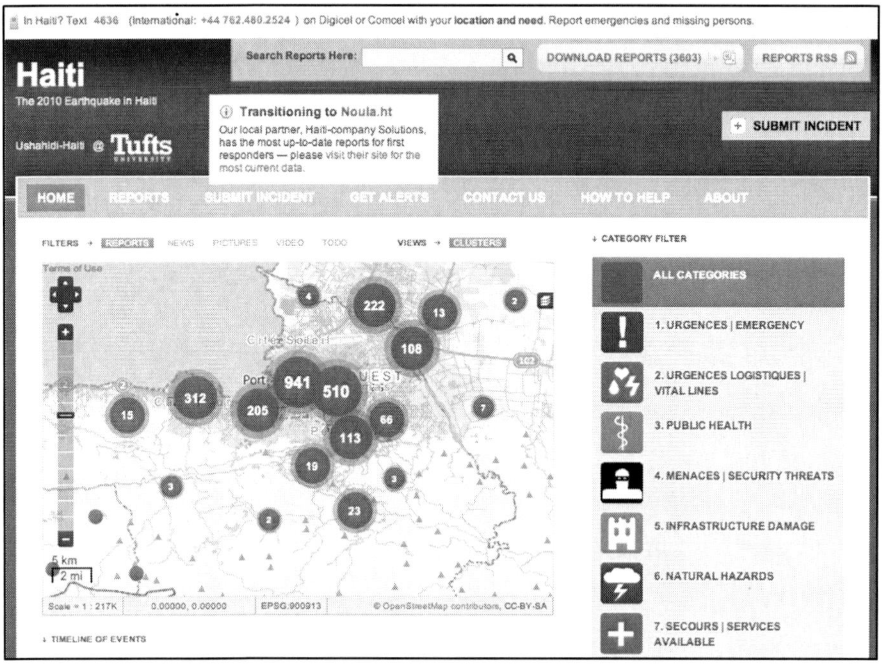

La creazione dell'icona cartografica nel *crisis mapping* è strettamente legata al tipo di piattaforma utilizzata (*mashup*, contributiva, collaborativa), al processo di trasferimento di informazioni, ma soprattutto al livello di interattività consentito dal sistema. Esso può essere limitato ad un'interattività chiusa, in cui l'utente deve scegliere tra una serie di segni prestabiliti, o un'interattività aperta, nel caso in cui l'utente sia libero di produrre ed introdurre nel mapping la propria icona. Per esempio, nel *mashup* come l'"Egypt Protest Google Map", l'icona può essere scelta dall'utente e corrisponde a punti, linee o poligoni ai quali si possono aggiungere finestre pop-up, a seconda della competenza tecnica dell'utente (Fig. 28).

Nelle piattaforme contributive, come Ushahidi, l'icona viene prodotta automaticamente a partire da informazioni provenienti da testi o immagini inviate dagli abitanti (SMS, MMS, e-mail), in tal caso l'icona si compone di un segno figurale predeterminato (marker) accompagnato da altri codici (numeri, colori, testi) e una finestra pop-up con contenuti multimediali (testi, immagini o video). La spazializzazione dell'icona non deriva dall'inserimento diretto fatto dall'utente, ma viene automaticamente definita dalle coordinate fornite dal sistema di decodifica o dall'indirizzo indicato dall'autore del messaggio.

Nelle piattaforme collaborative come "Haiti Open Street Map", l'interattività è semi-aperta, perché gli utenti possono inserire icone cartografiche standard che mirano a completare le lacune di una mappatura ufficiale. In questo caso, esso include punti, linee o poligoni, ma senza l'uso di pop-up.

Fig. 28 – Esempio di icona di piazza Tahrir al Cairo nell'"Egypt Protest Google Map", con il pop-up contenente un testo e un video messaggio

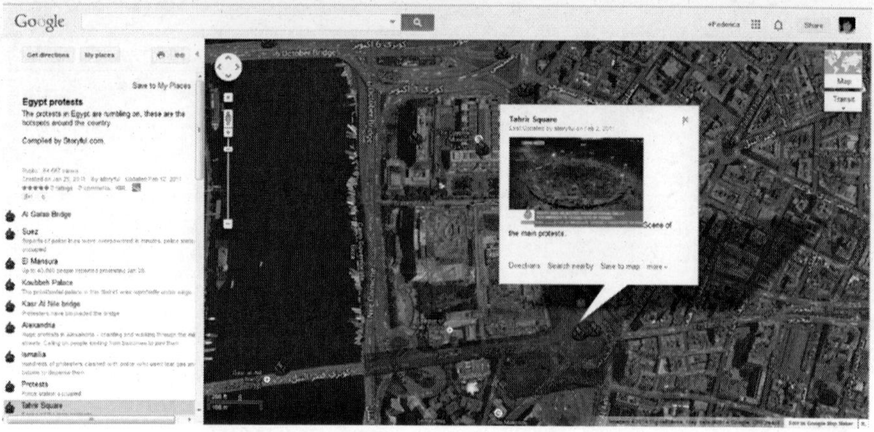

Fonte: Google Maps

In genere, l'icona mostra dati che consentono agli operatori delle situazioni di emergenza di trovare i dispersi, i sopravvissuti riuniti nello stesso luogo, oltre che per identificare le aree colpite, o i luoghi di incontro e di soccorso. La creazione di icone cartografiche è generalmente monitorata da cartografi professionisti, che hanno progettato la piattaforma e selezionato le categorie di simboli, forme, colori e dimensioni, che gli utenti non possono modificare, in un quadro di interattività chiuso.

Per quanto attiene la pragmatica e dunque l'interpretazione del *crisis mapping* da parte di coloro che devono portare gli aiuti, ossia le squadre di soccorso, la "Ushahidi Haiti Crisis Map", utilizzata dal Corpo della Marina degli Stati Uniti nelle operazioni di soccorso sulle coste di Haiti, attesta la performatività del sistema anche in contesti urbani in cui l'operazione di salvataggio è resa più difficile da problemi di accessibilità.

Spesso, nella trasposizione grafica lo *spatial capital* è svilito poiché la densità informativa presente nei messaggi scritti in tempo reale da parte degli abitanti è resa con icone generiche riferite ad alcune categorie di luoghi (luoghi di ritrovo, farmacie aperte, primo soccorso, ...) mentre le pratiche, le tattiche e le strategie legate all'accessibilità di tali luoghi, vengono trasposti solamente mediante le stringhe di testo trascritte nei pop-up informativi riferiti a ciascuna icona. Tale modalità di rappresentazione esclude dunque la possibilità di restituire tutte le conoscenze ed esperienze contenute nei messaggi (trovare percorsi alternativi, conoscere i mezzi di trasporto attivi, trovare un luogo per organizzare un incontro o segnalare un punto di emergenza, ecc.), dal momento che si possono conoscere solamente leggendo tutte le migliaia di pop-up presenti nella carta. Viceversa, una restituzione cartografica di tali informazioni potrebbe contribuire a supportare ancor meglio le operazioni di soccorso e migliorare l'accessibilità ai luoghi a beneficio sia degli abitanti che degli operatori.

6.2. Interattività aperta e nuove prospettive 3D per il mapping nella governance urbana

La seconda tipologia di sistemi cartografici è rivolta a usare la VGI per questioni di utilità pubblica[12]. Molte città americane (tra le quali New York, Boston, Chicago) ricorrono da alcuni anni alla raccolta di dati mediante l'uso delle nuove tecnologie per aiutare sindaci, amministratori, gruppi civici e leader di associazioni no-profit ad affrontare collettivamente problemi di interesse pubblico (Goldsmith, Crawford, 2014). Negli Stati Uniti, infatti, da qualche anno, si è diffuso il progetto "Code for America", per incoraggiare l'uso delle tecnologie smart per facilitare il rapporto tra governo urbano e cittadini. Si tratta di un'iniziativa volta a creare network tra sviluppatori, ricercatori, cittadini ed enti governativi per realizzare insieme soluzioni condivise riguardanti la governance urbana. Code for America, inoltre, supporta i governi locali per sfruttare le potenzialità del web, mediante finanziamenti volti all'avviamento di progetti, uffici, tutorato per la messa in atto di start-up legate a progetti di utilità pubblica promuovendo lo sviluppo di applicativi open-source. A titolo d'esempio la App "Local Data" è stata realizzata per cartografare edifici dismessi nelle città di Gary, nell'Indiana. Essa è stata utilizzata da 67 abitanti volontari, che hanno esaminato oltre 11.651 proprietà che coprono 2.000 acri in tutta la città. I dati raccolti hanno permesso di comprendere la distribuzione di edifici vuoti o abbandonati, di aree destinate alla demolizione o ristrutturazione e dunque sapere su quali aree concentrare gli interventi.

[12] Nel volume *Crowdsourcing Geographic Knowledge. Volunteered Geographic Information (VGI) in Theory and Practice* curato da Michael Goodchild, Sarah Elwood e Daniel Sui, si illustrano le potenzialità attuali della VGI, le sue implicazioni tecniche e si analizzano alcuni esempi riferiti sia a contesti urbani che rurali. Si veda a tale proposito: D. Sui, S. Elwood, M. Goodchild (a cura), *Crowdsourcing Geographic Knowledge. Volunteered Geographic Information (VGI) in Theory and Practice*, Springer, Dordrecht-Heidelberg-New York-Londra, 2013.

Oltre al caso statunitense, il ricorso alla VGI per il governo delle città è presente in molti altri Paesi. Uno dei più noti è FixMyStreet, un sistema di mapping collaborativo pubblicato nel 2007[13] che consente di segnalare il malfunzionamento delle infrastrutture stradali inglesi (Fig. 29). Esso permette all'utente di inserire un'icona (prestabilita) riferita ad un luogo che necessita un intervento, descrivere il problema, caricare fotografie. Automaticamente la segnalazione viene inviata al governo locale della città implicata che potrà risolvere il problema e segnalare la riparazione sullo stesso sito[14].

Fig. 29 – Fix My Street e la segnalazione di un problema in una strada di Londra

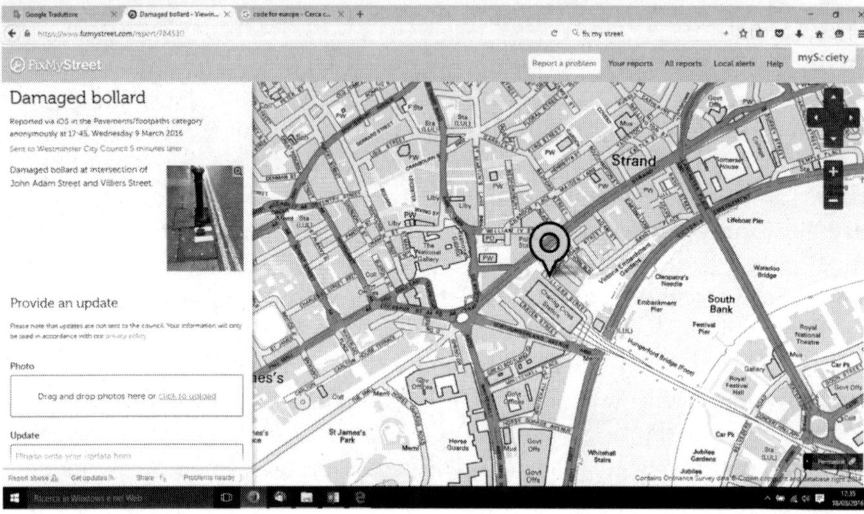

Sulla scia di FixMyMap si sono diffuse molte iniziative analoghe, anche in Italia. A Genova, per esempio il mapping collaborativo "Mappi-Amo la Città" consente agli abitanti di segnalare problemi riguardanti il decoro urbano, la segnaletica stradale, l'igiene ambientale, parchi, ville e giardini, o ancora proposte di valorizzazione degli spazi della città[15] (Fig. 30).

[13] FixMyStreet è un progetto di mySociety: www.mysociety.org.

[14] In contesto africano interessante appare la "NanuYegglè" che in wolof significa segnalare/informare, un'applicazione volta a comunicare problemi urbani alle istituzioni municipali di Dakar.

[15] Il sistema utilizzato è Ushahidi, che come abbiamo visto nel paragrafo precedente è un sistema open-source sviluppato da informatici kenyoti, il fondo-carta è quello di Open Street Map, un sistema cartografico collaborativo le cui informazioni sono create nel web esclusivamente da utenti volontari.

Fig. 30 – Dettaglio del sistema "Mappi-Amo la città" di Genova

OpenStreetMap (OSM) è senza dubbio uno degli esempi più popolari di VGI. Avviato nel 2004, rapidamente si è sviluppato in una comunità in continua crescita con attualmente più di 400.000 utenti registrati, quindi più di 400.000 potenziali collaboratori (Goetz, Zipf, 2013). Gli utenti del sistema possono mostrare dati georiferiti mediante tre tipologie di icone cartografiche: punti, che vengono geo-localizzati utilizzando dispositivi GPS personali (ad esempio, un telefono cellulare abilitato GPS) oppure mediante il ricorso a immagini aeree, come Bing Maps che ha concesso il permesso di utilizzare le proprie fotografie a supporto degli utenti. I punti così inseriti possono produrre geometrie lineari (ad esempio, per i segmenti di strada) e poligoni.

OSM è un sistema aperto che consente a qualsiasi utente connesso nel web di consultarlo, collaborarvi inserendovi nuove icone cartografiche, ed infine scaricare i dati in esso presenti al fine di riutilizzarli in altri sistemi cartografici, grazie all'interoperabilità. Il contributo maggiore di tale sistema risiede nella produzione di dati volontari (VGI), riferiti alle conoscenze e competenze degli abitanti nell'accessibilità e fruizione degli spazi urbani (strade, piazze, edifici, verde urbano) a vantaggio della comunità. Confrontando una mappa disponibile in Google Maps con quella realizzata dagli utenti in OSM nel quartiere Loreto di Bergamo (Fig. 31), emerge l'alto grado di dettaglio dell'informazione prodotta dagli abitanti sull'accessibilità (presenza di percorsi pedonali, trasporto pubblico, piste ciclabili, strade e parcheggi) o sui servizi disponibili all'interno dei parchi urbani (fontanelle, aree gioco, …) o nelle strade limitrofe (bar, spazio polivalente). Tali informazioni completano la carta Google, dimostrando come la VGI possa davvero costituire una preziosa fonte di informazioni per la mobilità e in generale per la fruizione degli spazi pubblici urbani.

Fig. 31 – Confronto tra Google Maps (A) e OSM (B): il quartiere Loreto a Bergamo

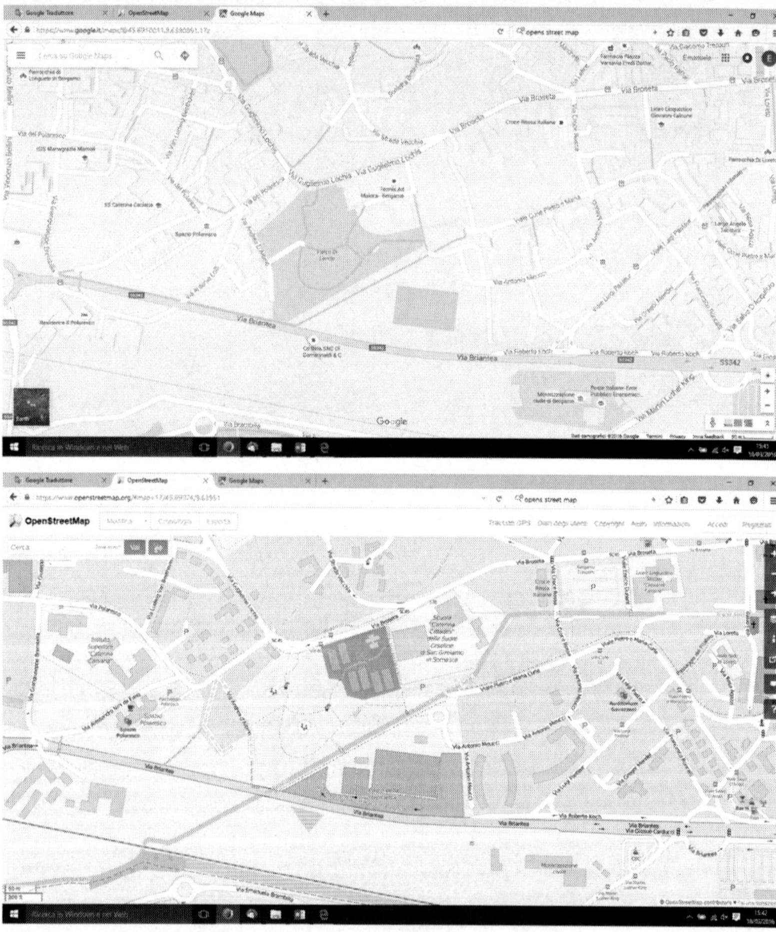

A

B

Una peculiarità del sistema OSM è il suo essere "wiki", ovvero un sistema che prevede la tracciabilità delle informazioni in esso contenute, rese visibili nella sezione "cronologia", riportante il nome, la data e la lista delle icone caricate da ciascun utente.

Un'ulteriore caratteristica innovativa riguarda il suo inserimento anche all'interno di una piattaforma 3D, oggetto di ricerca del gruppo GIScience del Dipartimento di Geografia dell'Università di Heidelberg (Goetz, Zipf, 2013). Si tratta del sistema "OSM-3D" un globo virtuale che consente all'utente di inserire informazioni tridimensionali riguardanti edifici o monumenti delle città.

Se analizziamo una delle prime visualizzazioni pubblicate dal team di ricerca di Heidelberg, nel proprio sito, troviamo una città italiana e precisamente Milano (Fig. 32).

Da un confronto tra la resa 3D fornita da Google Earth e quella presente in OSM-3D, è evidente che la sperimentazione tecnica per ottenere una piattaforma come OSM con l'aggiunta della terza dimensione, richiede ancora sforzi notevoli[16]. Infatti, la piazza del Duomo in Google viene mostrata mediante una restituzione tridimensionale fotorealistica, mentre in OSM-3D viene mostrata solamente mediante una resa tridimensionale della pianta degli edifici, che non restituisce il senso del paesaggio della città, ma ne esprime solo una sua resa virtuale.

Va sottolineato che tale progetto cartografico, nelle due versioni 2D e 3D, risulta particolarmente significativo, dal momento che oltre ad essere un sistema wiki, ovvero caratterizzato dalla tracciabilità dei dati in esso inseriti, esso dimostra un'attenzione agli obiettivi di interattività aperta e di visualizzazione corografica propri dell'approccio che viene qui auspicato rispetto alle nuove frontiere della cartografia partecipativa.

L'attuale limite del sistema, ovvero quello di registrare informazioni esclusivamente referenziali dei luoghi della città (accessibilità, servizi, edifici, ...), sembra in via di superamento, mostrando forti potenzialità per la rappresentazione di informazioni connotative, in linea con le indicazioni prospettate dalla semiosi, secondo le quali "una volta che il mondo sarà riprodotto rispettando la sua forma reale, verrà offerto un fondo-carta su cui inserire i dati provenienti dall'azione sociale" (Casti, 2013, cit. p. 270) e direttamente prodotti dai suoi abitanti.

[16] A dimostrazione di ciò, i ricercatori segnalano che l'utilizzo di tale sistema sarà possibile solo a partire da computer performanti, aventi un'ottima scheda grafica e con una connessione internet molto veloce.

Fig. 32 – Confronto tra Google Earth (A) e il globo 3D di OSM (B): Piazza Duomo a Milano

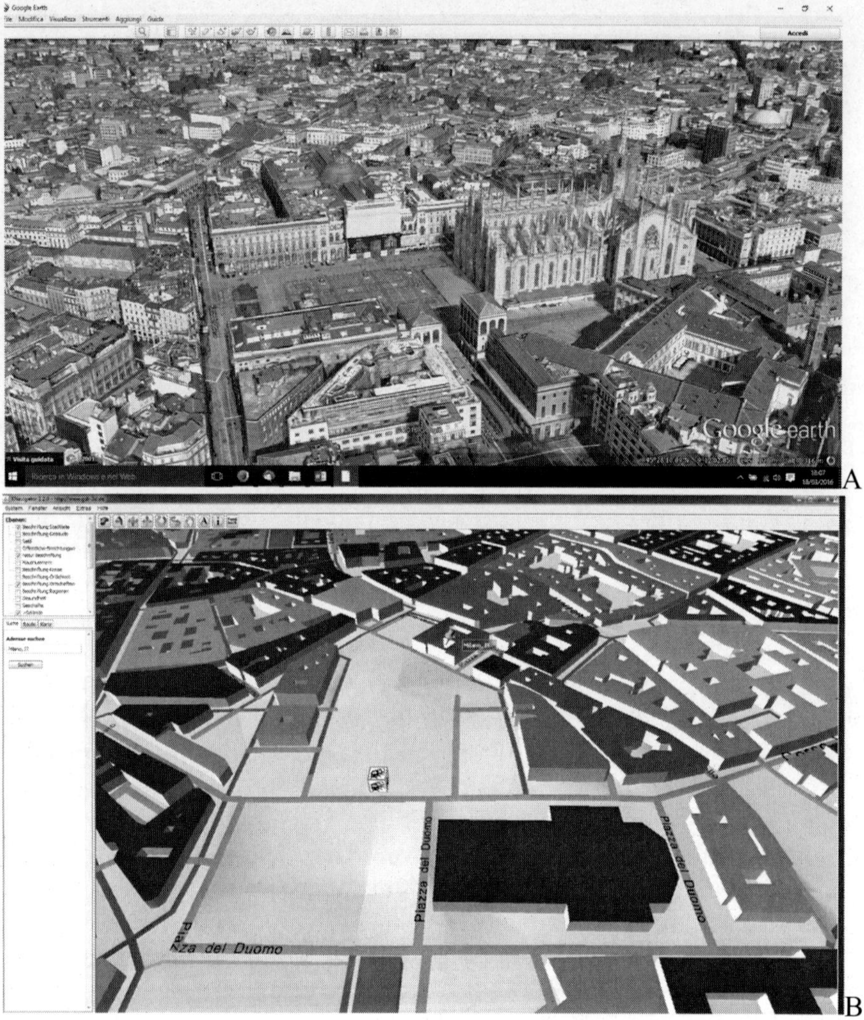

6.3. Riflessioni in progress: le nuove frontiere del mapping per la governance territoriale

L'analisi della carta partecipativa nella governance territoriale, sia che si applichi a contesti ambientali che a quelli urbani, richiede l'ancoraggio agli studi teorico-metodologici che permettono di valutarne le derive comunicative e di costruire strumenti adatti alla condivisione e al dialogo.

Possiamo ormai dire sancito il superamento della carta tradizionale, grazie all'avvento di sempre più sofisticate tecnologie cartografiche, ma i tempi non sono ancora maturi perché i ricercatori e i produttori di tali tecnologie si aprano a sperimentazioni nel segno della riflessività, in grado di restituire il senso sociale dei luoghi:

> [...] è necessario che avvenga una rivoluzione epifanica nel guardare all'effettivo potere della carta nell'entrare nelle dinamiche sociali per prospettare la caleidoscopica fisionomia del mondo. I plurimi punti di vista, le molte tecniche, i molti linguaggi nel loro sommarsi, intrecciarsi, esprimono il valore di un mondo societale assunto nel suo costante divenire. (Casti, 2013, cit. p. 283)

Applicando tale prospettiva alla cartografia partecipativa sono scaturite alcune indicazioni per comprendere le sfide nell'attuazione di un mapping nel segno della riflessività e della corografia. In primo luogo, la sinergia tra carta e territorio che richiede l'assunzione di un approccio cartografico flessibile in grado di adattarsi alle specificità territoriali prese in carico; in secondo luogo, la pluralità degli attori coinvolti nel processo di elaborazione del mapping che sola garantisce il dialogo nella co-progettazione o co-gestione del territorio; infine, l'importanza del processo facilitato da tale mapping, che può diventare sistema di mediazione e catalizzatore di un processo negoziale che facilita l'incontro e lo scambio tra le istanze locali e le istituzioni pubbliche che governano il territorio.

Le potenzialità date dal Geoweb 2.0 e l'interattività aperta mostrano scenari intriganti e ancora da esplorare per realizzare rappresentazioni corografiche basate sui più avanzati sistemi di mapping collaborativi wiki. Lo sforzo del ricercatore che partecipa alla realizzazione di processi partecipativi consiste nella sua capacità di coniugare la conoscenza del territorio e quella proveniente dai suoi abitanti, veicolata tramite la VGI, che ormai conta milioni di utenti che producono un flusso continuo di conoscenza geografica segnalando la propria competenza ed esperienza sui luoghi.

La sfida è aperta verso nuove frontiere come quella dei Big Data ma, come il libro ha tentato di dimostrare, la partecipazione è l'unica via possibile.

Riferimenti bibliografici

AA.VV. (1981), *Le Niger*, Etudes scientifiques, IRSH, Niamey.

Aberley D. (1993), "Eye memory: the inspiration of aboriginal mapping", in: Aberley D. (a cura di), *Boundaries of home. Mapping for local empowerment*, New Society Publishers, Gabriola Island, Philadelphia, pp. 8-16.

Adam K.S., Boko M. (1993), *Le Bénin*, Editions du Flamboyant, Cotonou.

Aime M. (1999), *Le radici nella sabbia. Viaggio in Mali e Burkina Faso*, EDT, Torino.

Aladji-Boni A.S., Bruzzone D., Diallo M., Dulieu D., Falcone M., Novelli O., Paolini C. (2011), "La Riserva Transfrontaliera della Biosfera W: integrazione economica e conservazione per lo sviluppo locale. Una prospettiva dell'Africa Occidentale", in: Cresti I., Touadi J-L. (a cura di), *Il continente verde. L'Africa: cooperazione, ambiente, sviluppo*, Bruno Mondadori, Milano, pp. 270-296.

Amadou B., Banoin M. (1996), "Politiques de l'élevage à Windé-Bago", in: *Actes du Colloque tenu à Niamey du 14 au 15 décembre 1995, Agricultures en mutation*, Université Abdou Moumouni, Niamey, pp. 137-150.

Amin A. (a cura di) (1994), *Postfordism, a reader*, Blackwell, Oxford-Cambridge.

Amin A., Thrift N. (2005), *Città. Ripensare la dimensione urbana*, Il Mulino, Bologna.

Arnstein S. (1969), "A Ladder of Citizen Participation", in: *JAIP Journal of the American Institute of Certified Planners*, Vol. 35, n. 4, pp. 216-224.

Azocar Fernandez P.I., Buchroithner M. (2014), *Paradigms in Cartography An Epistemological Review of the 20th and 21st Centuries*, Springer, Berlin-Heidelberg.

Bagnasco A., Le Galès P. (1997), "Introduction. Les villes européennes comme société et comme acteur", in: Bagnasco A., Le Galès P. (a cura di di), *Villes en Europe*, La Découverte, Parigi.

Bassett T. (1998), "Indigenous Mapmaking in Intertropical Africa", in: Woodward D., Lewis M. (a cura di), *The History of cartography*, vol. 2, libro 3, Cartography in the traditional African, American, Arctic, Australian, and Pacific societies, University of Chicago Press, Chicago, pp. 24-48.

Beidou I., Henry J.P., Rothiot J.P. (1978), *Le Niger*, Hatier-Indrap, Niamey.

Bellouard P. (1959), *L'action forestière dans l'Ouest Africain*, Haut Comissariat Général, Dakar.

Belotti S. (2013), "Meio Ambiente E Turismo Sustentável Em Moçambique: Organização Territorial E Conhecimentos Culturais No Parque Nacional De Zinave", in: Roque A.C., Rodrigues E. (a cura di), *Atas do Congresso Internacional Saber Tropical em Moçambique: História, Memória e Ciência*, Instituto de Investigação

Científica Tropical (IICT), Lisbona, http://2012congressomz.files.wordpress.com/2013/08/t11c04.pdf.
Belotti S. (2014), "Development Cooperation and Sustainable Tourism in Mozambique: Territorial Systems and Cultural Heritage in the Zinave National Park", in: Dansero E., De Filippi F., Fantini E., Marocco I. (a cura di), *Imagining Cultures of Cooperation - Proceedings of the III CUCS Congress, Turin 19-21 September 2013*, JUNCO-Journal of Universities and international development Cooperation, n. 1, pp. 378-385, www.ojs.unito.it/index.php/junco/.
Benoit M. (1999a), *Statut et usages du sol en périphérie du Parc W du Niger*, IRD, Parigi.
Benoit M. (1999b), *Peuplement, violence endémique et rémanence de l'espace sauvage en Afrique de l'Ouest: le no man's land du W du Niger*, ORSTOM, Niamey.
Berque A. (1995), *Les raisons du paysage*, Hazan, Parigi.
Berque A. (2000), *Médiance des milieux en paysages*, Belin, Parigi.
Bertoncin M., Bicciato F., Corbino A., Croce D., De Marchi M., Faggi P., Pase A. (1999), "PRA e geografia: territori di convergenza", in: *Rivista Geografica Italiana*, CVI, fasc. 1, pp. 1-31.
Bertoncin M., Pase A. (a cura di) (2006), *Il territorio non è un asino. Voci di attori deboli*, FrancoAngeli, Milano.
Bertoncin M, Pase A. (a cura di) (2008), *Pre-visioni di territorio. Rappresentazioni di scenari territoriali*, FrancoAngeli, Milano.
Bertoncin M., Pase A., Quatrida D. (a cura di) (2014), *Geografie di prossimità. Prove sul terreno*, FrancoAngeli, Milano.
Bethemont J., Faggi P., Zoungrana T.P. (2003), *La vallée du Sourou, Burkina Faso: genèse d'un territoire hydraulique dans l'Afrique soudano-sahélienne*, L'Harmattan, Parigi.
Bignante E., Dansero E., Scarpocchi C. (a cura di) (2008), *Geografia e cooperazione allo sviluppo. Temi e prospettive per un approccio territoriale*, FrancoAngeli, Milano.
Bobbio L. (a cura di) (2004), *A più voci. Amministrazioni pubbliche, imprese, associazioni e cittadini nei processi decisionali inclusivi*, I Manuali, Edizioni scientifiche italiane, Napoli.
Bobbio L. (2006), "A democrazia deliberativa", in: *Estado de direito*, 1, n. 6, pp. 10-11.
Bobbio L. (a cura di) (2007), *Amministrare coi cittadini. Viaggio tra le pratiche di partecipazione in Italia*, Rubbettino, Soveria Mannelli.
Buchroithner M. (2005), "Interactive Real-Time VR Cartography", in: *Proceedings of the 22nd International Cartographic Conference*, 9-16 July 2005, La Coruña, Spain (CD-ROM).
Burini F. (2006), "La cartografia partecipativa e la cooperazione ambientale in Africa: il caso del villaggio di Bossia (Niger)", in: *Bollettino della Società geografica italiana*, s. XII, vol. XI, pp. 961-980.
Burini F. (2007), "La sémiosis cartographique dans les cartes participatives: le village de Kondio (Burkina Faso)", in: Costantini M. (a cura di), *L'Afrique, le sens. Représentations, configurations, défigurations,* L'Harmattan, Parigi, pp. 107-134.

Burini F. (2009), “La politique coloniale française dans le Cercle du Gourma: les Réserves d’Arly et les aires contiguës”, in: E. Casti S. Yonkeu (a cura di), *Le Parc National d’Arly et la falaise du Gobnangou*, L’Harmattan, Parigi, pp. 101-127.
Burini F. (2010), “Paesaggio e sistemi cartografici partecipativi: la rappresentazione del significato sociale del villaggio in Africa Subsahariana”, in: Cerreti C., Federzoni L., Salgaro S. (a cura di), *Cartografia di paesaggi, paesaggi nella cartografia*, Pàtron, Bologna, pp. 277-288.
Burini F. (2012a), “Community Mapping for Intercultural Dialogue”, in: *Espaces-Temps.net*, 30.01.2012 http://espacestemps.net/document9252.html.
Burini F. (2012b), “Cartographie et participation pour la coopération environnementale: le terrain et la restitution des savoirs traditionnels en Afrique subsaharienne”, in: *Annales de Géographie*, n. 687, settembre-ottobre 2012, pp. 487-512.
Burini F. (2014), “Le capital spatial dans un «tweet» ? Le crisis mapping en contextes urbains”, in: *EspacesTemps.net*, 17.05.2014, http://www.espacestemps.net/en/articles/le-capital-spatial-dans-un-tweet-le-crisis-mapping-en-contextes-urbains/.
Burini F., Casari M. (2014), “Strumenti cartografici per la governance urbana: spazio pubblico e pluralità sociale nel quartiere Ticinese-Genova a Milano”, in: Scaramellini G., Mastropietro E. (a cura di), *Atti del XXXI congresso geografico italiano*, vol. II, Mimesis, Milano, pp. 229-241.
Calandra L.M. (2000), “Protection de la nature et colonialisme: l’expérience de l’Afrique Occidentale Française”, in: Berdoulay V., Souberain O. (a cura di), *Milieu, colonisation et dévéloppement durable*, L’Harmattan, Parigi, pp. 139-153.
Casari M. (2013), *Amore dei luoghi. Oltre la rete*, Aracne editrice, Roma.
Castells M. (1975), “Immigrant Workers and Class Struggles in Advanced Capitalism: the Western European Experience”, in: *Politics and Society*, v. 5, n. 1, pp. 33-66.
Casti E. (1995), “Un osservatorio sull’Africa: l’Atlas des structures agraires au Sud du Sahara”, in: *Terra d’Africa 1995*, Unicopli, Milano, pp. 267-300.
Casti E. (1998a), *L’ordine del mondo e la sua rappresentazione, semiosi cartografica e autoreferenza*, Unicopli, Milano.
Casti E. (1998b), “L’Altrove negato nella cartografia coloniale italiana: il caso Somalia”, in: Casti E., Turco A. (a cura di), *Culture dell’Alterità, il territorio africano e le sue rappresentazioni*, Unicopli, Milano, pp. 269-304.
Casti E. (2000), *Reality as representation. The semiotics of cartography and the generation of meaning*, Bergamo University Press, Bergamo, 2000.
Casti E. (2001), “Il paesaggio come icona cartografica”, in: *Rivista Geografica Italiana*, n. 108, pp. 543-582.
Casti E. (2003), “Elementi per una teoria dell’interpretazione cartografica”, in: Cattaneo A., Ramada Curco D., Ferrand de Almeida A. (a cura di), *La cartografia europea tra primo Rinascimento e fine dell’Illuminismo*, Leo S. Olschki, Firenze, pp. 293-324.
Casti E. (2004), “Libia: turismo e rischio ambientale. Pitture rupestri con lattine”, in: *Nigrizia*, 122/7-8, pp. 64-67.
Casti E. (2005), “Towards A Theory of Interpretation: Cartographical Semiosis”, in: *Cartographica*, v. 40, n. 3, 2005, pp. 1-16.

Casti E. (2006), "Geografia e partecipazione: la strategia SIGAP nella RBT W (Africa Occidentale)", in: *Bollettino della Società Geografica Italiana*, s. XII, vol. XI, pp. 949-975.
Casti E. (2009), "Il paesaggio come unità di pianificazione del Parco Nazionale d'Arly: la falesia di Gobnangou (Burkina Faso)", in: Casti E. (a cura di), *Alla ricerca del paesaggio nelle rappresentazioni dell'altrove*, L'Harmattan Italia, Torino, pp. 21-68.
Casti E. (2010), "Tecnologie cartografiche per la governance territoriale", in: Casti E., Lévy J. (a cura di), *Le sfide cartografiche. Movimento, partecipazione, rischio*, Il lavoro editoriale/Università, Ancona, pp. 33-46.
Casti E. (2012), "Participatory Mapping and environmental conservation in Western Africa: the SIGAP Strategy", in: Boon E.K., Hens L., Oviedo G. (a cura di), *Management of National Parks and Biodiversity Conservation in Africa*, Kamla-Raj Enterprises, Delhi, 2012, pp. 157-172.
Casti E. (2013), *Cartografia critica. Dal topos alla chora*, Guerini, Milano.
Casti E. (2014a), "Introduzione alla IV sessione: La città plurale. Metodi di ricerca e iconizzazioni cartografiche", in: Scaramellini G., Mastropietro E. (a cura di), *Atti del XXXI congresso geografico italiano*, Mimesis, Milano-Udine, 2014, pp. 169-173.
Casti E. (2014b), "Une recherche participative pour la valorisation culturelle et la promotion touristique du patrimoine mondial: les plans gravés du Valcamonica (Italie)", in: Gravari-Barbas M., Jacquot S., (a cura), *Patrimoine mondial et développement au défi du tourisme durable*, Presses de l'Université du Quebec, Québec, pp. 271-298.
Casti E. (2015), *Reflexive Cartography. A Modern Perspective in Mapping*, Elsevier, Amsterdam, Oxford, Waltham.
Casti E. (2015), "Superare la discrasia tra geografia e cooperazione allo sviluppo", in: Bignante E., Dansero E., Loda M. (a cura di), *Esplorazioni per la cooperazione allo sviluppo: il contributo del sapere geografico*, *Geotema*, n. 48, Pàtron, Bologna, pp. 25-29.
Casti E., S. Yonkeu (a cura di) (2009), *Le Parc National d'Arly et la falaise du Gobnangou (Burkina Faso)*, L'Harmattan, Parigi.
Casti E., Lévy J. (a cura di) (2010), *Le sfide cartografiche. Movimento, partecipazione, rischio,* Il lavoro editoriale/Università, Ancona.
Cecchi A. (1886), *Da Zeila alle frontiere del Caffa*, vol.1-2-3, SGI, Loescher, Torino.
Cencini C. (2004), *Vivere con la natura. Conservazione e comunità locali in Africa subsahariana*, Pàtron, Bologna.
Chambers R. (1997), *Whose reality counts?*, ITDG, Londra.
Chapin M., Threlkeld B. (2001), *Indigenous landscapes: a study in ethnocartography*, Center for the Support of Native Lands, Arlington.
Chapin M., Lamb Z., Threlkeld B. (2005), "Mapping Indigenous Lands", in: *Annual review of anthropology*, 34: 6, 2005, pp. 19–38.
Chazal R.P. (1951), *Dictionnaire français-gourma*, Institut Français d'Afrique Noire, Etudes dahoméennes, Porto Novo.
Consiglio d'Europa (2000), *Convenzione europea del paesaggio*, http://www.coe.int/T/F/Coop%e9ration_culturelle/Environnement/Paysage/Textes_fondamentaux/Convention_France.asp#P25_906.

Cosgrove D. (1984), *Social formation and symbolic landscape*, Barnes & Noble, Totowa.

Craig W., Harris T., Weiner D. (a cura di) (2002), *Community Participation and Geographic Information Systems*, Taylor and Francis, Londra.

Crampton J. (2003), *The Political Mapping of Cyberspace*, University of Chicago Press, Chicago.

Crampton J. (2003), *The political mapping of Cyberspace*, Edinburgh University Press, Edinburgh.

Crampton J., Krygier J. (2005), "An introduction to critical cartography", in: *Critical Cartographies*, special issue, *ACME – An international e-journal for critical geographies*, vol. 4, n. 1, pp. 11-33.

Debarbieux B., Lardon S. (a cura di) (2003), *Les figures du projet territorial*, Ed. de l'Aube/DATAR, Parigi.

Dematteis G. (1996), *Verso la città rete del III millennio*, Torino, http://www.polito.it/ateneo/grandi_eventi/inaugurazioni/1997/dematteis.html.

Dematteis G. (2008), "Luoghi vissuti, luoghi inventati: la diversità geografico-culturale come risorsa rinnovabile", in: Bertoncin M., Pase A. (a cura di), *Pre-visioni di territorio. Rappresentazioni di scenari territoriali*, FrancoAngeli, Milano, pp. 54-70.

Dematteis G. (2010), "Elogio dell'ambiguità cartografica", in: Casti E., Lévy J. (a cura di) (2010), *Le sfide cartografiche. Movimento, partecipazione, rischio*, Il lavoro editoriale/Università, Ancona, pp. 13-16.

De Sousa Santos B. (1998), "Participatory Budgeting in Porto Alegre: Toward a Redistributive Democracy", in: *Politics Society*, n. 26, pp. 461-510.

Dodge M., Kitchin R. (2000), *Mapping cyberspace*, Routledge, Londra.

Etienne M. (a cura di) (2010), *La modélisation d'accompagnement. Une démarche participative en appui au développement durable*, Editions Quae, Versailles.

Farinelli F. (1992), *I segni del mondo. Immagine cartografica e discorso geografico in età moderna*, La Nuova Italia, Firenze.

Farinelli F. (2015), "Territori epigenetici", in: Bignante E., Dansero E., Loda M. (a cura di), *Esplorazioni per la cooperazione allo sviluppo: il contributo del sapere geografico*, *Geotema*, n. 48, Pàtron, Bologna, p. 3.

Ferretti F. (2014), *Da Strabone al cyberspazio. Introduzione alla storia del pensiero geografico*, Guerini, Milano.

Florida R. (1995), "Toward the Learning Region", in: *Futures*, vol. 27, n. 5, pp. 527-536.

Ford R., Lelo F., Rabarison H. (1998), *Linking governance and effective resource management: a guidebook for community-based monitoring and evaluation*, Programme of International Development, APAM, Clark University, Worcester.

Ford R., Mac Connel W.J. (2001), "Linking geomatics and participation to manage natural resources in Madagascar", in: Buck L., Geisler C., Schelhas J., Wollenberg E. (a cura di), *Biological Diversity*, CRC Press, Washington, pp. 385-405.

Gartner G., Cartwright W., Peterson M.P. (a cura di) (2007), *Multimedia cartography*, Springer, Berlin-Heidelberg.

Gartner G. (2014), "Advances in Location-Based Services", in: Taylor D.R.F., Lauriault T.P. (a cura di) (2014), *Developments in the Theory and Practice of Cybercartography*, Elsevier, Amsterdam, Oxford, Waltham, pp. 97-104.

Ghisalberti A. (2006), "Dinamiche migratorie e processi territoriali nella periferia della Riserva della Biosfera Transfrontaliera "W" (Benin, Burkina Faso, Niger)", in: *Bollettino della Società Geografica italiana*, Serie XII, vol. XI, pp. 997-1016.
Ghisalberti A. (2011), *Le migrazioni in Africa Occidentale tra ambiente e politica. La periferia del Parco Transfrontaliero W (Benin, Burkina Faso, Niger)*, L'Harmattan Italia, Torino.
Goetz M., Zipf A. (2013), "The Evolution of Geo-Crowdsourcing: Bringing Volunteered Geographic Information to the Third Dimension", in: Sui D., Elwood S., Goodchild M. (a cura di), *Crowdsourcing Geo-graphic Knowledge. Volunteered Geographic Information (VGI) in Theory and Practice*, Springer, Dordrecht–Heidelberg-New York-Londra, pp. 139-159.
Goldsmith S., Crawford S. (2014), *The Responsive City: Engaging Communities Through Data-Smart Governance*, Jossey-Bass, San Francisco.
Goodchild M.F., (2007), "Citizens as sensors: the world of volunteered geography", in: *GeoJournal*, vol. 69 (4), pp. 211-221.
Goodchild M.F., Glennon J.A. (2010), "Crowdsourcing geographic information for disaster response: A research frontier", in: *International Journal of Digital Earth*, vol. 3 (3), pp. 231-241.
Goodchild M.F., Li L. (2012), "Assuring the quality of volunteered geographic information", in: *Spatial Statistics*, n. 1, pp. 110-120.
Gould P., White R. (1974), *Mental maps*, Penguin Books, Londra.
Governa F. (2004), "Modelli e azioni di governance, Innovazioni e inerzie al cambiamento", in: *Rivista Geografica Italiana*, 1, pp. 1-27.
Governa F. (2006), "Territorio e territorialità tra risorse e valori", in: Bertoncin M., Pase A. (a cura di), *Il territorio non è un asino. Voci di attori deboli*, FrancoAngeli, Milano, pp. 52-68.
Governa F. (2008), "La scala locale dello sviluppo. Caratteristiche, attori, processi", in: Boggio F., Dematteis G., Memoli M. (a cura di), *Geografia dello sviluppo. Spazi, economie e culture tra ventesimo secolo e terzo millennio*, Utet, Torino, pp. 72-87.
Governa F. (2011), "Attori, città, politiche urbane", in: Governa F., Memoli M. (a cura di), *Geografie dell'urbano. Spazi, politiche, pratiche della città*, Carocci, Roma, pp. 221-247.
Governa F. (2014a), *Tra geografia e politiche. Ripensare lo sviluppo locale*, Donzelli, Roma.
Governa F. (2014b), "La città plurale. Dalla città delle differenze allo spazio della molteplicità", in: Scaramellini G., Mastropietro E., *Atti del XXXI congresso geografico italiano*, Mimesis, Milano-Udine, pp. 175-185.
Governa F., Memoli M. (a cura di) (2011), *Geografie dell'urbano. Spazi, politiche, pratiche della città*, Carocci, Roma.
Habermas J. (1975), *La crisi della razionalità nel capitalismo maturo*, Laterza, Bari.
Haklay M., Weber P. (2008), "OpenStreetMap: User-generated street maps", in: *IEEE Pervasive Computing*, vol. 7, n. 4, pp. 12-18.
Haklay M. (2013), "Citizen Science and Volunteered Geographic Information: Overview and Typology of Participation", in: Sui D., Elwood S., Goodchild M.

(a cura di) (2013), *Crowdsourcing Geographic Knowledge. Volunteered Geographic Information (VGI) in Theory and Practice*, Springer, Dordrecht–Heidelberg-New York-Londra, pp. 105-122.
Harley J.B. (1989), "Deconstructing the Map", in: *Cartographica*, vol. 26, n. 2, pp.1-20.
Harley J.B. (1990), "Cartography, ethics and social theory", in: *Cartographica*, vol. 27, n. 2, pp. 1-23.
Harley J.B. (1992), "Rereading the Maps of the Columbian Encounter", in: *Annals of the Association of American Geographers*, vol. 82, n. 3, 1992, pp. 522-536.
Harley J.B., Lexton P. (a cura di) (2001), *The New Nature of Maps: Essays in the History of Cartography,* JHU Press, Baltimora.
Harley J.B., Woodward D. (a cura di) (1987), *The History of Cartography*, vol. 1, *Cartography in Prehistoric, Ancient, and Medieval Europe and the Mediterranean*, University of Chicago Press, Chicago.
Harris T., Weiner, D., Warner T. (1995), "Pursuing social goals through participatory GIS: Redressing South Africa's historical political ecology", in: Pickles J. (a cura di), *Ground Truth: the social implications of Geographic Information Systems*, Guilford Press, New York, pp. 196-223.
Harris T., Weiner D. (1996), "GIS and Society: The Social Implications of How People, Space, and Environment Are Represented in GIS", *Scientific Report for the Initiative 19 Specialist Meeting* (96-7), http://escholarship.org/uc/item/9bw2d2rw#page-16.
Harris T., Weiner D. (1998), "Empowerment, marginalization and com-munity-integrated GIS", in: *Cartography and Geographic Information Systems*, v. 25, n. 2, pp. 67-76.
Harvey D. (1973), *Social justice and the city*, The Johns Hopkins Press, Baltimora.
Harvey D. (2008), "The right to the city", in: *New Left Review*, v. II, n. 53, pp. 23-40.
Harvey D. (2010), *La crisi della modernità*, Il Saggiatore, Milano.
Hirt I. (2009), "Cartographies autochtones: éléments pour une analyse critique", in: *L'Espace géographique*, vol. 2, 2009, pp. 171-186.
Jacob C. (1992), *L'empire des cartes. Approche théorique de la cartographie à travers l'histoire*, Albin Michel, Parigi.
Kimba I. (1981), *Guerres et sociétés*, Etudes Nigeriens, n. 46, IRSH, Niamey.
Kitchin R., Perkins C., Dodge M. (2009), "Thinking about maps", in: Dodge M., Kitchin R., Perkins C. (a cura di), *Rethinking Maps: New Frontiers in Cartographic Theory*, Routledge, Londra, pp. 1–25.
Kloosterman, R.C., Musterd S. (2001), "The Polycentric Urban Region: Towards a Research Agenda", in: *Urban Studies*, v. 38(4), pp. 623-633.
Kraak M., Brown A. (a cura di) (2001), *Web cartography*, Taylor and Francis, Londra.
Lardon S., Roche S. (2008), "Représentations spatiales dans les démarches participatives. Editorial", in: *Revue Internationale de Géomatique*, v. 18, n. 4, pp. 423-572.
Lefebvre H. (1968), *Le droit à la ville,* Anthropos, Parigi.
Le Galès P. (2003), "Gouvernance", in: Lévy J., Lussault M. (a cura di), *Dictionnaire de la Géographie et de l'espace des sociétés,* Belin, Parigi, pp. 418-422.
Lévy J. (1999), *Le tournant géographique*, Belin, Parigi.
Lévy J. (2003), "Capital spatial", in: Lévy J., Lussault M. (a cura di), *Dictionnaire de la Géographie et de l'espace des sociétés*, Belin, Parigi, pp. 124-126.

Lévy J. (2008), *L'invention du monde. Une géographie de la mondialisation*, Presses des Sciences Po, Parigi.
Lévy J. (2010), "Una svolta cartografica? Colmare il divario tra le cienze e le tecnologie dello spazio abitato", in: Casti E., Lévy J. (a cura di), *Le sfide cartografiche. Movimento, partecipazione, rischio*, Il lavoro editoriale/Università, Ancona, pp. 23-32.
Lévy J. (2014), "Cartographier l'intelligence urbaine", in: *EspacesTemps.net*, Traverses, 17.05.2014 http://www.espacestemps.net/articles/cartographier-lintelligence-urbaine/.
Lévy J. (a cura di) (2016), *A Cartographic Turn. Mapping and the Spatial Challenge in Social Sciences*, EPFL Press, Losanna.
Lévy J., Lussault M. (a cura di) (2003), *Dictionnaire de la Géographie et de l'espace des sociétés,* Belin, Parigi.
Lévy J., Poncet P., Tricoire E. (2004), *La carte enjeu contemporain*, La documentation française, Parigi.
Lewis M. (a cura di) (1998), *Cartographic Encounters. Perspectives on Native American mapmaking and map use*, University of Chicago Press, Chicago.
Lintott C.J., Schawinski K., Slosar A., Land K., Bamford S., Thomas D., Raddick M.J., Nichol R.C., Szalay A., Andreescu D., Murray P., van den Berg, J. (2008), "Galaxy zoo: Morphologies derived from visual inspection of galaxies from the Sloan Digital Sky Survey", in: *Monthly Notices of the Royal Astronomical Society*, v. 389 (3), pp. 1179-1189.
Liu S., Palen L. (2010), "The new cartographers: Crisis map mashups and the emergence of neogeographic practices", in: *Cartographic and Geographic Information Science*, 37 (1), pp. 69-90.
Lompo O. (2011), *Burkina Faso. Pour une nouvelle planification territoriale et environnementale*, L'Harmattan, Parigi.
Lussault M. (2003), "Urbanité", in: Lévy J., Lussault M. (a cura di), *Dictionnaire de la Géographie et de l'espace des sociétés*, Belin, Parigi, pp. 966-967.
Lussault M. (2007), *L'Homme spatial*, Seuil, Parigi.
Lussault M. (2014), Conferenza pubblica: "L'urbain: un milieu créatif, innovant, intelligent?", Québec, 3 luglio 2014, http://www.crg.ulaval.ca/?page_id=3559.
Lynch K., (1960), *The image of the city*, MIT Press, Cambridge (*L'immagine della città*, Marsilio, Padova, 1969).
Maggs T. (1998), "Cartographic content of rock art in Southern Africa", in: Woodward D., Lewis M. (a cura di), *The History of cartography*, vol. 2, livre 3, Cartography in the traditional African, American, Arctic, Australian, and Pacific societies, University of Chicago Press, Chicago, pp. 13-23.
Magnaghi A. (2010), *Il progetto locale: verso la coscienza di luogo*, Bollati Boringhieri, Torino.
Manin B. (2010), *Principi del governo rappresentativo*, Il Mulino, Bologna.
Martinotti G. (1993), *Metropoli. La nuova morfologia sociale della città*, Il Mulino, Bologna.
Mathevet R., Antona M., Barnaud C., Fourage C., Trebuil G., Aubert S. (2010), "Contextes et dépendances du processus d'accompagnement", in: Etienne M. (a

cura di), *Une démarche participative en appui au développement durable*, Editions Quae, Versailles, pp. 103-124.
Miller C. (2006), "A Beast in the Field: The Google Maps Mashup as GIS/2", in: *Cartographica*, vol. 41, n. 3, pp. 187–199.
Morita T. (2007), "Theory and development of research in ubiquitous mapping", in: Gartner G., Cartwright W., Peterson M.P. (a cura di), *Location Based Services and TeleCartography*, Springer, Berlin-Heidelberg, pp. 89-106.
Nicholls R. (2009), "Research and Indigenous Participation: Critical Reflexive Methods", in: *International Journal of Social Research Methodology*, 12 (2), pp. 117-126.
Pallier G. (1978), *Géographie générale de la Haute Volta*, CNRS, Limoges.
Park R.E., Burgess E.W., McKenzie R.D. (a cura di) (1925), *The city*, University of Chicago Press, Chicago.
Pedone G., Rambaldi G. (2011), "La cartografia partecipativa come strumento di pianificazione territoriale con-divisa: valorizzazione delle conoscenze e del ruolo delle comunità locali nella gestione delle risorse naturali", in: Cresti I., Touadi J-L. (a cura di), *Il continente verde. L'Africa: cooperazione, ambiente, sviluppo,* Bruno Mondadori, Milano, pp. 174-190.
Peluso N.L. (1995), "Whose Woods are These? Counter-Mapping Forest Territories in Kalimantan, Indonesia", in: *Antipode*, v. 4, n. 27, pp. 383–406.
Perkins C. (2007), "Community mapping", in: *The cartographic journal*, vol. 44, n. 2, 2007, pp. 127-137.
Pickles J. (1995), *Ground Thruth. The social implications of Geographic Information Systems*, The Guilford Press, New York.
Pickles J. (2004), *A History of Spaces: Cartographic Reason, Mapping and the Geocoded World*, Routledge, Londra.
Poblet M. (2013), "Visualizing the law: crisis mapping as an open tool for legal practice", in: *Journal of Open Access to Law*, vol. 1, n. 1, https://ojs.law.cornell.edu/index.php/joal/article/view/12/13.
Pualani L.R., Johnson J.T., Pramono A.H. (2012), "Introduction: Indigenous Cartographies and Counter-Mapping", in: *Cartographica*, Indigenous cartographies and counter-mapping, vol. 47, n. 2, pp. 77-79.
Rambaldi G., Callosa-Tarr J. (2002), *Participatory 3 dimensional modelling: guiding principles and applications*, ASEAN, University of the Philippines Los Banos.
Rambaldi G., Mc Call M., Kwaku kyem P., Weiner P. (2006), "Participatory Spatial Information Management and Communication in Developing Countries", in: *Electronic Journal on Information Systems in Developing Countries*, v. 25, n. 1, pp. 1-9.
Razakamarina N., Ford R., Sodikoff G.M., Wood S., Toto E., Laris P. (1996), *Negotiating conservation: reflections on linking conservation and development in Madagascar*, Programme of International Development, APAM, Clark University, Worcester.
Rocca L. (a cura di) (2010), *Partecipare in rete. Nuove pratiche per lo sviluppo locale e la gestione del territorio*, Il Mulino, Bologna.
Roche S. (2003), "Usages sociaux des technologies de l'information géographique et participation territoriale", in: Debarbieux B., Lardon S. (a cura di), *Les figures du projet territorial*, Editions de l'Aube, Parigi, pp. 61-82.

Roche S. (2010), “Leggere e scrivere la carta sull’onda del GeoWeb 2.0”, in: Casti E., Lévy J. (a cura di), *Le sfide cartografiche. Movimento, partecipazione, rischio,* Il lavoro editoriale/Università, Ancona, pp. 47-61.

Roche S., Mericskay B., Batita W., Bach M., Rondeau M. (2012), “WikiGIS Basic Concepts: Web 2.0 for Geospatial Collaboration”, in: *Future Internet* 4, pp. 265-284.

Roche S., Propeck-Zimmermann E., Mericskay B. (2013), “GeoWeb and crisis management: Issues and perspectives of volunteered geographic information”, in: *GeoJournal*, vol. 78, n. 1, pp. 21-40.

Rose G. (1997), “Situating knowledges: positionality, reflexivities and other tactics”, in: *Progress in Human Geography*, vol. 21 no. 3, pp. 305-320.

Rossi G. (2000), *L’ingérence écologique*, CNRS éditions, Parigi.

Rouch J. (1950), “Toponymie légendaire du W du Niger”, in: *Notes africaines*, vol. 46, CNR, Parigi, pp. 50-52.

Roure G. (1952), *Notes sur la faune de chasse de l’AOF, sa protection et sa mise en valeur*, Inspection Générale des Eaux et Forêts, Dakar.

Rundstrom R.A. (1995), “GIS, Indigenous Peoples, and Epistemological Diversity”, in: *Cartography and Geographic Information Systems*, v. 22, n. 1, pp. 45-57.

Schuurman N. (1999), “Critical GIS: theorizing an emerging science”, in: *Cartographica*, 36/4, numero monografico, pp. 1-99.

Schuurman N. (2005), “Social Perspectives on Semantic Interoperability: Constraints on Geographical Knowledge from a Data Perspective”, in: *Cartographica*, 40/4, pp. 47-61.

Shanley L.A., Burns R., Bastian Z., Robson E.S. (2013), “Tweeting up a storm. The promise and perils of crisis mapping”, in: *Photogrammetric Engineering and Remote Sensing*, pp. 865-879.

Sheppard E. (1995), “GIS and society: towards a research agenda”, in: *Cartography and Geographic Information Systems*, 22, pp. 5-16.

Sheppard E. (2005), “*Knowledge production through Critical GIS: Genealogy and Prospects*”, in: *Cartographica*, 40/4, pp. 5-21.

Sletto B.I. (2009), “We Drew What We Imagined. Participatory Mapping, Performance, and the Arts of Landscape Making”, in: *Current Anthropology*, Vol. 50, n. 4, pp. 443-476.

Smith N. (1992), “History and philosophy of geography: real wars, theory wars”, in: *Progress in Human Geography*, 16/2, pp. 257-271.

Soderstrom O. (2000), *Des images pour agir, le visuel en urbanisme*, Payot, Lausanne.

Soja E. (2007), *Dopo la metropoli. Per una critica della geografia urbana*, Pàtron, Bologna.

Soja E. (2011), “Regional Urbanization and the End of the Metropolis Era”, in: Bridge G., Watson S. (a cura di), *The New Blackwell Companion to the City*, Wiley-Blackwell, Oxford, UK, pp. 679-689.

Sui D., Elwood S., Goodchild M. (a cura di) (2013), *Crowdsourcing Geographic Knowledge. Volunteered Geographic Information (VGI) in Theory and Practice*, Springer, Dordrecht-Heidelberg-New York-Londra.

Sui D., Goodchild M., Elwood S. (2013), “Volunteered Geographic Information, the Exaflood, and the Growing Digital Divide”, in: Sui D., Elwood S., Goodchild M.

(a cura di) (2013), *Crowdsourcing Geographic Knowledge. Volunteered Geographic Information (VGI) in Theory and Practice*, Springer, Dordrecht–Heidelberg-New York-Londra, pp. 1-12.
Taylor D.R.F. (a cura di) (2005), *Cybercartography: Theory and Practice*, Elsevier Amsterdam, Oxford, Waltham.
Taylor D.R.F., Lauriault T.P. (a cura di) (2014), *Developments in the Theory and Practice of Cybercartography*, Elsevier, Amsterdam, Oxford, Waltham.
Turco A. (1986), *Geografie della complessità in Africa. Interpretando il Senegal*, Unicopli, Milano, 1986.
Turco A. (1998), "Strutture di legittimità nella territorializzazione malinké dell'Alto Niger (Rep. Di Guinea)", in: Casti E., Turco A. (a cura di), *Culture dell'alterità, il territorio africano e le sue rappresentazioni*, Unicopli, Milano, pp. 13-59.
Turco A. (1999), *Terra Eburnea. Il mito, il luogo, la storia in Africa*, Unicopli, Milano.
Turco A. (2004), "*Mythos* e *teche*, la funzione interculturale del territorio in Africa subsahariana", in: *Bollettino della Società Geografica Italiana*, serie XII, vol. IX, pp. 601-616.
Turco A. (2009), *Governance, culture, sviluppo. Cooperazione ambientale in Africa occidentale*, FrancoAngeli, Milano.
Turco A. (2010), *Governance ambientale e sviluppo locale in Africa. Cooperazioni, saperi, cartografie*, FrancoAngeli, Milano.
Turco A. (2013), *Governance territoriale. Norme, discorsi, pratiche*, Unicopli, Milano.
Turri E. (1990), *Semiologia del paesaggio italiano*, Longanesi, Milano.
Turri E. (1998), *Il paesaggio come teatro. Dal territorio vissuto al paesaggio rappresentato*, Marsilio, Venezia.
UNESCO (1972), *Convenzione riguardante la protezione sul piano mondiale del Patrimonio Culturale e naturale*, UNESCO, Parigi.
UNESCO (2002), *Biosphere Reserves, special places for people and nature*, UNESCO, Parigi.
Wickens Pearce M. (1998), "Native mapping in Southern New England Indian Deeds", in: Lewis G.M. (a cura di), *Encounters. Perspectives on Native American mapmaking and map use*, University of Chicago Press, Chicago.
Wood D. (1992), *The power of maps*, Guilford Press, New York.
Woodward D. (1998), "Le carte delle società tradizionali africane nel contesto della storia della cartografia", in: Casti E., Turco A. (a cura di), *Culture dell'alterità, il territorio africano e le sue rappresentazioni*, Unicopli, Milano, pp. 305-316.
Woodward D., M. Lewis (a cura di) (1998), *The History of cartography*, vol. 2, libro 3, Cartography in the traditional African, American, Arctic, Australian, and Pacific societies, University of Chicago Press, Chicago.
Zook M., Graham M., Shelton T., Gorman S. (2010), "Volunteered geographic information and crowdsourcing disaster relief: A case study of the Haitian earthquake", in: *World Medical & Health Policy*, vol. 2, n. 2, pp. 7-33.

Indice delle figure

Nuove Geografie. Strumenti di lavoro
diretta da M. Bertoncin

Ultimi volumi pubblicati:

ANDREA CORSALE, *Geografia delle minoranze tra Baltico e Mar Nero* (disponibile anche in e-book).

MATTEO PUTTILLI, *Geografia delle fonti rinnovabili.* Energia e territorio per un'eco-ristrutturazione della società (disponibile anche in e-book).

TIZIANA BANINI (a cura di), *Identità territoriali.* Questioni, metodi, esperienze a confronto (disponibile anche in e-book).

MARINA BERTONCIN, ANDREA PASE, DARIA QUATRIDA, *Geografie di prossimità.* Prove sul terreno (disponibile anche in e-book).